全球化重塑背景下我国经济产业链的创新路径研究

林明臻◎著

中国商务出版社
·北京·

图书在版编目（CIP）数据

全球化重塑背景下我国经济产业链的创新路径研究 / 林明臻著. -- 北京：中国商务出版社，2023.5
ISBN 978-7-5103-4673-6

Ⅰ．①全… Ⅱ．①林… Ⅲ．①产业链－产业发展－研究－中国 Ⅳ．①F269.2

中国国家版本馆CIP数据核字(2023)第078602号

全球化重塑背景下我国经济产业链的创新路径研究
QUANQIUHUA CHONGSU BEIJINGXIA WOGUO JINGJI CHANYELIAN DE CHUANGXIN LUJING YANJIU

林明臻 著

出　　版：中国商务出版社	
地　　址：北京市东城区安外东后巷28号　邮　编：100710	
责任部门：外语事业部（010-64283818）	
责任编辑：李自满	
直销客服：010-64283818	
总 发 行：中国商务出版社发行部 （010-64208388　64515150 ）	
网购零售：中国商务出版社淘宝店 （010-64286917）	
网　　址：http://www.cctpress.com	
网　　店：https://shop595663922.taobao.com	
邮　　箱：347675974@qq.com	
印　　刷：北京四海锦诚印刷技术有限公司	
开　　本：787毫米×1092毫米　1/16	
印　　张：13.75	字　数：284千字
版　　次：2024年4月第1版	印　次：2024年4月第1次印刷
书　　号：ISBN 978-7-5103-4673-6	
定　　价：72.00元	

凡所购本版图书如有印装质量问题，请与本社印制部联系（电话：010-64248236）

　版权所有　盗版必究　（盗版侵权举报可发邮件到本社邮箱：cctp@cctpress.com）

前　言

全球化是当代世界经济发展的基本特征,我国经济产业链要迎接挑战,紧紧抓住经济全球化带来的机遇。区域经济的发展是各国和世界经济发展的重要支撑力量,区域产业链对经济发展具有重要作用;在数字经济发展背景下,数字经济产业链的发展成为我国产业升级的重要途径;低碳经济是建设资源节约型、环境友好型社会的新的技术范式和生产力发展方式,低碳经济产业链的创新势在必行;循环经济是一种新兴的经济模式,创新循环经济产业链是我国转变经济发展方式、实现经济社会可持续发展的必由之路。

鉴于此,笔者撰写了本书,全书在内容编排上共设置六章。第一章作为本书论述的基础与前提,主要阐释全球化的历史演变及动力机制、我国在全球化转型发展中的角色、经济全球化带来的机遇与挑战、我国经济结构优化与经济全球化;第二章探讨全球化重塑背景下我国区域经济产业链创新;第三章分析全球化重塑背景下我国数字经济产业链创新;第四章论述全球化重塑背景下我国低碳经济产业链创新;第五章阐释全球化重塑背景下我国循环经济产业链创新;第六章研究全球化重塑背景下我国经济产业链创新实践。

本书突出以下特点:

第一,既有理论也有实践,将区域经济、数字经济、低碳经济、循环经济等理论与经济产业链实践紧密结合,尤其注重对发展创新路径的归纳总结和吸收推广。

第二,内容极其丰富,突出创新性,引入我国经济产业链中不同产业链的发展创新案例,呈现了我国经济产业链领域涉及的各个方面。为读者提供一本具有实践指导意义的参考著作。

在撰写本书时，参考了很多相关专家的研究文献，也得到了许多专家和老师的帮助，作者在此真诚地表示感谢。虽然在成书过程中翻阅了无数资料，进行了多次修改与校验，但限于作者水平，书中难免会有疏漏，恳请广大读者批评指正。

作者

目　录

第一章　全球化转型发展与中国机遇

第一节　全球化的历史演变及动力机制……………………………………… 1

第二节　我国在全球化转型发展中的角色…………………………………… 5

　　一、积极参与重构国际经济规则……………………………………… 5

　　二、夯实基于内需与全球化的国内大循环…………………………… 5

　　三、主动规划和融入国际大循环……………………………………… 6

　　四、创新驱动本土产业链现代化……………………………………… 7

　　五、激发全人类的企业家精神………………………………………… 7

　　六、深化经济体制的机制改革………………………………………… 8

第三节　经济全球化带来的机遇与挑战……………………………………… 9

　　一、中国层面经济全球化的机遇与挑战……………………………… 9

　　二、世界层面经济全球化的机遇与挑战……………………………… 11

第四节　我国经济结构优化与经济全球化…………………………………… 11

　　一、我国产业结构与经济全球化……………………………………… 11

　　二、我国就业结构与经济全球化……………………………………… 12

　　三、我国对外贸易结构与经济全球化………………………………… 13

第二章 全球化重塑背景下我国区域经济产业链创新

第一节 区域经济增长与发展的基本理论……………………………15

一、区域经济增长理论…………………………………………15

二、区域经济发展理论…………………………………………23

三、区域经济增长与发展体系理论……………………………24

四、增长的传播途径及其效应理论……………………………25

五、区域经济增长与发展输出、发展进口理论………………26

六、区域经济均衡增长理论……………………………………28

七、区域经济非均衡增长理论…………………………………30

八、区域经济可持续发展理论…………………………………34

第二节 经济全球化对我国区域经济发展的影响……………………36

一、经济全球化的认知…………………………………………37

二、经济全球化对我国区域经济发展的积极影响……………38

三、经济全球化对我国区域经济发展的消极影响……………40

第三节 经济全球化与区域经济一体化的关系………………………42

一、经济全球化与区域经济一体化的差异性…………………42

二、经济全球化与区域经济一体化的关联性…………………43

第四节 区域经济产业转型升级的创新路径探索……………………45

一、区域经济产业转型升级创新的重要性……………………45

二、区域经济产业转型升级创新的有利条件…………………46

三、区域经济产业转型升级创新的有效路径…………………47

第三章 全球化重塑背景下我国数字经济产业链创新

第一节 数字经济的诞生与发展 ………………………………… 51
- 一、数字技术发展与数字经济诞生 ……………………………… 51
- 二、数字经济的认知及运行体系 ………………………………… 55
- 三、数字经济发展的对策与趋势 ………………………………… 63

第二节 数字经济与我国产业结构升级 ………………………… 70
- 一、数字经济推动我国产业结构升级的表现 …………………… 71
- 二、数字经济推动我国产业结构升级的路径 …………………… 74

第三节 全球数字经济治理体系与发展展望 …………………… 77
- 一、全球数字经济治理体系的认知 ……………………………… 77
- 二、全球数字经济治理的发展展望 ……………………………… 87

第四节 数字经济提升我国产业链韧性的路径探索 …………… 89
- 一、产业链韧性的内涵与提升内容分析 ………………………… 90
- 二、数字经济提升我国产业链韧性的动力机制 ………………… 92
- 三、数字经济提升我国产业链韧性的具体路径 ………………… 95

第四章 全球化重塑背景下我国低碳经济产业链创新

第一节 低碳经济的诞生与发展 ………………………………… 100
- 一、低碳经济的诞生 ……………………………………………… 100
- 二、低碳经济的发展 ……………………………………………… 101

第二节 低碳经济对全球经济发展的影响 ································ 103

一、低碳经济推动全球产业结构和能源结构调整 ······················ 103

二、低碳经济促进全球经济发展的方式发生转变 ······················ 105

三、低碳经济发展构筑全球竞争新格局的出现 ························ 106

四、低碳经济推动全球碳交易的高速发展 ···························· 107

第三节 我国向低碳经济转型的对策与思考 ································ 108

一、调整产业结构 ·· 108

二、推动技术发展 ·· 113

三、能源管理体系 ·· 116

四、发展能源替代 ·· 119

五、进行制度创新 ·· 122

六、低碳消费方式 ·· 124

第四节 低碳产业链与我国低碳经济推进的路径探索 ························ 127

一、低碳经济与产业链的协同行动 ·································· 128

二、低碳产业链的本质内涵分析 ···································· 129

三、低碳产业链视角的低碳经济推进 ································ 130

四、以低碳产业链促进低碳经济实现的策略 ·························· 133

第五章 全球化重塑背景下我国循环经济产业链创新

第一节 循环经济的基本理论阐释 ·· 135

一、循环经济的学科理论 ·· 135

二、循环经济的概念与原则 ······································ 144

三、循环经济的特征与层次体系……………………………………… 146

　　四、循环经济的模式转变……………………………………………… 149

　　五、循环经济中的角色定位…………………………………………… 152

第二节　我国发展循环经济的途径与战略意义………………………………… 154

　　一、我国发展循环经济的途径………………………………………… 154

　　二、我国发展循环经济的战略意义…………………………………… 158

第三节　全球化重塑背景下中国循环经济的战略选择………………………… 161

　　一、全球化重塑背景下国际贸易的新变化…………………………… 161

　　二、世界经济发展相关因素的驱动…………………………………… 162

第四节　产业链视角下我国循环经济的发展路径……………………………… 162

　　一、产业链及其特征…………………………………………………… 162

　　二、我国循环经济发展的历程与模式………………………………… 164

　　三、产业链视角下我国循环经济的可持续发展路径………………… 165

第六章　全球化重塑背景下我国经济产业链创新实践

第一节　北极冰融对我国地缘经济的影响……………………………………… 175

　　一、北极航道开发对我国航运经济的影响…………………………… 177

　　二、北极地区矿产资源开发对我国经济的影响……………………… 183

　　三、北极地区渔业资源开发对我国经济的影响……………………… 186

　　四、北极地区旅游资源开发对我国经济的影响……………………… 187

　　五、我国积极利用北极冰融地缘经济机遇的对策…………………… 188

第二节　我国棉花产业发展的创新思考 …… 191

一、提高棉花的机械化水平 …… 192

二、增强棉花生态农业建设力度 …… 193

三、保持植棉稳定持续化的收益 …… 194

四、增加科技投入，完善棉花市场监控体系 …… 195

五、规避经营风险，避免潜在利润价值损失 …… 196

六、发挥行业协会作用，推动产业转型升级 …… 196

第三节　我国矿产资源产业发展的影响及对策 …… 197

一、经济全球化对我国矿产资源产业发展的主要影响 …… 198

二、经济全球化下我国矿产资源产业发展的主要对策 …… 200

第四节　我国集成电路产业安全与可持续发展 …… 202

一、全球集成电路产业特征和安全风险 …… 202

二、我国集成电路产业安全可持续发展策略 …… 205

参考文献 …… 207

第一章　全球化转型发展与中国机遇

第一节　全球化的历史演变及动力机制

在世界经济发展的历史长河中，1492年意大利探险家哥伦布发现美洲大陆，从此，人类的足迹跨越欧亚大陆和美洲大陆，标志着人类拉开了全球化时代的序幕。

16世纪大航海时代以来的500年，是全球化的历史，从荷兰取代伊比利亚诸国（葡萄牙、西班牙、意大利），到英国取代荷兰，再到美国取代英国，轮流担当全球化的主角。经济学家倾向于从较窄的外延上定义全球化，换言之，定义经济全球化的标准更严格。

经济全球化可界定为"通过扩大商品和服务、资本甚至劳动力的流动而促进世界各国之间更紧密的经济互动"[①]，同时，全球化还包括创意和知识的国际流动、文化分享、全球公民社会和全球环境运动。经济全球化表现出三个特征：①各国市场和各地区性市场的一体化是全球化的核心内容；②全球化是一种进化过程，是一个由诸多过程构成的巨大而多面的复合体，牵涉到人类生活的各个方面；③世界是一个整体的意识，即"全球意识"不断增强。

全球化是工业革命的成果向全球扩散的过程，市场经济是全球化的发展机制，而

[①] 高波.全球化转型发展与中国角色[J].浙江工商大学学报，2022（2）：86.

全球化给人类带来福祉的多寡取决于全球治理体系架构及其运行效率。

1914年之前100年的全球化，是第一波全球化，这是以英国为首的市场经济国家发动的第一波全球化浪潮。在17—18世纪，国际贸易以每年1%的速度增长，高于全球收入的增长速度。从19世纪初开始，国际贸易增长速度高达4%左右，持续了整整一个世纪。第一波全球化的动力来自三个方面：①18世纪的蒸汽技术革命和19世纪的电力技术革命，这两次工业革命的成果，既提高了生产力，丰富了产品种类和增加了总产出，又彻底改变了国际运输和通信，降低了贸易成本；②亚当·斯密和大卫·李嘉图等的自由市场经济思想广泛传播，使对外贸易国家的政府放松了对外贸的限制；③从1870年开始实施的金本位制，便利了各国之间的资本自由流动（图1-1）。伴随第一波全球化，处于经济核心地位的中心国家英国、法国等在全球开拓市场，从中获得利益，而当时新兴的工业化国家德国、日本和阿根廷等迅速崛起。

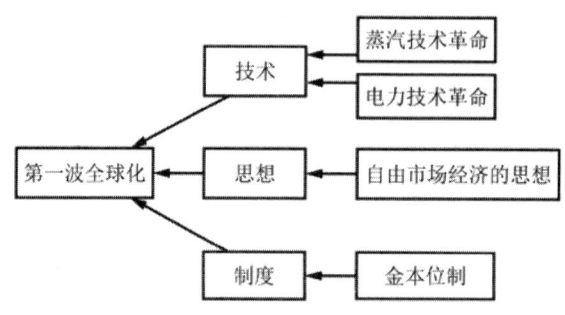

图1-1　第一波全球化的动力机制

1914年8月，很多国家停止了将本国货币兑换为黄金的业务。1918年11月后，各国为保护自己的市场，相继采取了贸易保护主义政策，它们竞相提高自己的进口关税水平，国际贸易大幅收缩。1929年后的大萧条，使20世纪20年代重建金本位制的努力宣告失败。1931年英国宣布终结英镑金本位制度，服务全球化的金融秩序崩溃。1933年，美国宣布放弃与英、法签署双边汇率协定，大幅贬值美元并提升进口关税。1939—1945年，全球化过程陷入停滞。需要注意的是，两次世界大战之间，以美国为首的贸易保护主义盛行，全球化被迫停滞，这是历史上发生的第一次逆全球化，逆全球化的行动摧毁了第一波全球化中所创造的财富。第一波全球化中断后，经历了长达30多年的调整期。

当今世界，人类正处于1945年以来兴起的第二波全球化及建构的治理体系（其动力机制如图1-2所示），这次是美国作为经济全球化的领头国家，发动了第二波全球化浪潮。

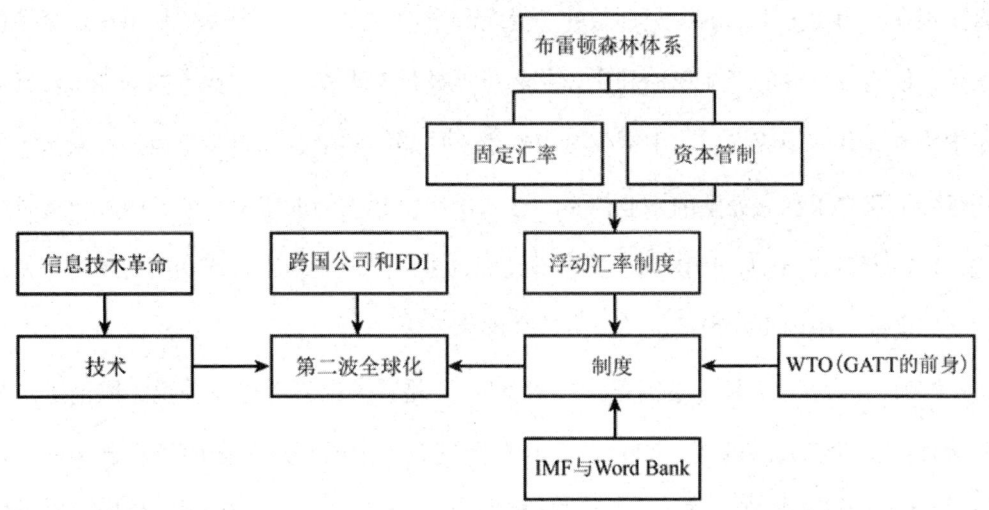

图1-2　第二波全球化的动力机制

1945年后开启的信息技术革命（第三次工业革命），奠定了第二波全球化的物质技术基础。在全球化治理体系方面，1945年12月27日，在华盛顿创建了两个新的国际机构——国际货币基金组织和世界银行，1947年10月30日，签订关税与贸易总协定。1973年，布雷顿森林体系解体，浮动汇率正式确立。1995年1月1日，世界贸易组织成立，1996年1月1日，世界贸易组织正式取代关贸总协定临时机构。在1948—1990年间，世界贸易量平均每年增长约7%，是有史以来最快的。

20世纪80年代中后期和90年代，先是亚洲"四小龙"，随后是中国经济贸易的发展，使第二波全球化发生了变化。90年代以来，跨国公司在全球化中扮演了独特的角色。跨国公司按照要素禀赋将生产过程分布于世界各地，实现了其在特定商品生产成本和价格的绝对优势。与跨国公司相伴随的是外商直接投资（FDI）在全球的兴起，直接资本流动的障碍大幅度减少，大量资金流向能够高效配置资本的经济体。跨国公司和 FDI 重构全球产业链、价值链和创新链，新兴市场经济体和发展中国家艰难融入全球产业链、价值链和创新链。

回首 500 年，中国在全球化中迂回曲折，逐步成为全球化的主角。1500 年以来，中国 GDP 在全球的比重有三个高峰：第一次在 1600 年左右；第二次在 1820 年；之后占世界经济的比重每况愈下，直到 1978 年之后，中国经济在世界的比重再次回升，直至现在。历史上中国的陶瓷、茶叶、丝绸和香料大量出口，国际贸易出现过繁荣的景象，但西方世界的工业革命和全球化的进展并没有改变中国农业大国的地位。1949 年中华人民共和国成立后，中国没有屈服于其他国家的干扰和封锁禁运，在萧条的经济基础上建立了独立完整的工业体系，进入了经济起飞的助跑期。随着国际形势的变化，1978 年改革开放，中国选择了市场经济，主动融入全球化，成功实现了经济快速发展。当前，中国更加积极主动地融入全球化。

2001 年 12 月 11 日，中国正式加入 WTO，此后大幅降低进口关税，取消进口配额管理并扩大各领域开放。2002 年，与东盟签署《中国与东盟全面经济合作框架协议》，并在此后与智利、新加坡等国陆续签署自由贸易协定，2010 年，中国—东盟自由贸易区正式启动。2013 年，中国提出"一带一路"倡议，主张共享、共建、共商的理念，全球合作构建人类命运共同体。2016 年 10 月 1 日，人民币正式入篮特别提款权（SDR[①]），加快了人民币资本项目可兑换、可自由使用的进程。2022 年，以"走向绿色经济"为主题的亚太经合组织（APEC）工商领导人中国论坛在京举办。来自 APEC 各经济体工商界、科技界、学术界近 200 名代表线上或线下参会。本届论坛由中国贸促会、中国国际商会主办，APEC 中国工商理事会承办，围绕"亚太经济：应对变革，共同繁荣""引领新能源高质量发展""迈向'零碳'制造"等议题进行专题研讨，还发布了"可持续中国产业发展行动"年度报告。

总而言之，当前，中国正以积极的姿态，大力推进新型工业化、信息化、城镇化和农业现代化进程，主动参与全球治理，着力构建多元化的全球新秩序。

[①] SDR 是国际货币基金组织根据会员国认缴的份额分配的，可用于偿还国际货币基金组织债务、弥补会员国政府之间国际收支逆差的一种账面资产。

第二节　我国在全球化转型发展中的角色

在第二波全球化的后期,中国主动融入进来,既是全球化最大受益者之一,也对世界经济发展做出重大贡献:①全球化为中国提供了和平稳定的发展环境,实现了经济增长的"中国奇迹";②中国抓住了国际分工和产业转移的机遇,利用自身比较优势吸引外资,建成了相对完整的产业体系;③全球化为中国提供了广阔的国际市场;④中国成功选择了市场经济;⑤中国在国际社会的支持下,实行全面脱贫,为世界反贫困事业做出了重要贡献;⑥近年来,中国为全球经济增长贡献的份额位居世界第一。中国作为全球化的参与者、受益者,理应坚定支持全球化发展。关于我国在全球化转型发展中的角色,下面做具体分析:

一、积极参与重构国际经济规则

积极参与重构国际经济规则,勇于在主导全球化中主动担当:①中国要以更大的胆魄、更强的能力、更好的技巧,主动承担建设全球化的责任,建设一个利益共享、权力多极、多国共治、创新发展、开放包容和可持续的全球化;②推动全球治理结构和治理体制改革,建立更加平衡的体现大多数国家意愿和利益的全球治理体制;③引领国际储备和支付机制改革,重塑国际货币和金融秩序,构建多元化的国际货币体系,促使人民币与美元、欧元和日元等共同承担国际货币职能,建立稳定的国际货币金融新秩序。

二、夯实基于内需与全球化的国内大循环

夯实基于内需与全球化的国内大循环,锻造大国经济的规模优势和竞争优势。当前,中国正处于从中等收入国家跨入高收入国家行列的关键时期。站在新的历史起点上,随着国际环境的变化,我国出口导向型的低要素成本优势日渐式微,而基于内需的市场规模优势和竞争优势空间广阔。

从经济发展阶段来看，中国正进入经济的主导部门转向耐用消费品和服务业的大众高消费阶段，并将逐步形成消费主导型经济增长的格局。根据这个特点，国内大循环的主攻方向是专注于新产业、新基建、新空间和新消费等具有全局性、长远性、导向性和动态性特征的产业，促使国民经济和企业发展走上创新驱动和内生增长的轨道。

第一，培育新产业，奠定国内大循环和促进经济增长的新兴产业基础。中国作为最大的发展中国家，必须抓住第四次工业革命和产业变革的机遇，充分发挥后发优势和大国效应，大力支持颠覆性技术引领的新兴产业发展，实现"弯道超车"，力争在新兴产业链和价值链中占据高端地位，构建世界领先的现代产业体系。

第二，投资新基建，建设高科技的物质基础设施。新基建的渗透性、网络性强，可以改造传统产业，存在协同效应。开发建设新基建，必须注重顶层设计，政府主导规划，全面开放市场，充分吸收民间资本已经形成的技术积累，引入政府和社会资本合作（PPP）和基础设施投资等金融工具。

第三，打造新空间，全国一盘棋布局国内大循环。从空间上来看，人口、资本、技术、数据等要素的自由流动是完善国内大循环的基础，因而要打通区域间、城市间和城乡间要素流动障碍，打破市场分割，立足全国统一大市场，从国内大循环的全局布局区域内和区域间大循环。

第四，开拓新消费，创造庞大的市场规模。新消费包括新消费模式、新消费领域、新消费人群和新消费方式。

三、主动规划和融入国际大循环

主动规划和融入国际大循环，形成国内国际双循环相互促进的新发展格局。无论是国内大循环还是国际大循环，都是在逆全球化环境下促进全球化转型发展，推动中国深度融入以至主导全球化的一种策略选择。国内大循环是国际大循环的根基和保障，国际大循环是国内大循环的标杆和支撑，把内需的规模优势打造成全球化中的国际竞争优势。

第一，建立引领世界的国际大循环，更好地服务于基于内需和全球化的国内大循环。与过去推行的出口导向型低要素成本的国际大循环不同，实施国内国际双循环的策略：一是以内需为基础，虹吸全球先进要素，建立和完善自主可控的国内价值链，进而降低国际供应链的风险；二是以国内企业参与或主导的世界先进的国际大循环带动国内大循环持续升级。

第二，加强区域经济合作，加快实现出口市场的多样化。

第三，提升开放型经济发展水平，打造全球一流的营商环境。

第四，培育一批具有国际竞争力的跨国公司，引领国内国际双循环。跨国公司在全球化和国际分工中具有较大的话语权。鼓励和支持有实力的中国企业在全球投资，吸引全球的人才、技术，充分利用国际技术市场和跨国并购。

四、创新驱动本土产业链现代化

第一，大力实施创新驱动战略，提升自主创新能力，构建自主可控的世界领先的产业链。

第二，制定合理的产业政策和产业规划，加大对产业链薄弱环节的投入并引导和支持企业向产业链高端攀升。

第三，发挥国有经济在关系国民经济命脉的重要行业和关键领域的主导作用，加强产业链的薄弱和关键环节的研发投入和技术储备，维护产业链和供应链稳定。

第四，支持民营企业做大做强，担当产业链"链主"。

第五，大力培育数字经济和新能源、知识密集型服务业等中高端产业，促进产业链现代化。

第六，京津冀、长三角、粤港澳、成渝地区等区域，构建有世界影响力的产业集群。培育和引进创新能力强、主业突出、带动力和关联度大且达到世界领先水平的行业龙头企业和在细分领域具有核心竞争力的中小型"隐形冠军"企业。

五、激发全人类的企业家精神

激发全人类的企业家精神，共商共筑人类命运共同体。工业革命和科技创新是全球化的根本动力,而工业革命和科技创新是由具有企业家精神的社会群体推动的,这就意味着全球化的真正动力来自全人类的企业家精神。

企业家精神的内涵十分丰富,包括创新精神、契约精神、合作精神、敬业精神和开放精神。创新精神是企业家精神的核心元素,契约精神、合作精神、敬业精神和开放精神是企业家精神的基本元素。创新精神是一种知识创造,是价值观的连绵突破和持续创新;契约精神是一种文化信仰,是市场经济的支柱精神;合作精神是一种道德素养,是现代社会人们的立身之本;敬业精神是一种职业习惯,是精益求精的行为方式;开放精神是一种学习态度,是立足全球的战略思维。

当前,在全球化面临危机、世界经济持续低迷等多种因素相叠加的复杂背景下,更要激发和兴起全人类的企业家精神,培育勇于创新、信守承诺、精诚合作、精进敬业、开放包容的品格。我们期望世界各国共同遵守国际协议和国际法,以平等相待、互惠共赢的心态处理国际争端,防止单边主义和"退群"行为盛行而导致国际社会丧失互信,破坏遵守契约和真诚合作的基础,共同创建相互尊重、公平正义、合作共赢的新型国际关系。

六、深化经济体制的机制改革

深化经济体制的机制改革,筑牢全球化转型发展的制度根基。在面对逆全球化冲击和经济体制改革进入深水区的情境下,更要深化经济体制改革,实行对内、对外开放,改革促进开放、开放倒逼改革,全面提升我国开放型经济发展水平。

第一,深化改革政府职能和权力,简政放权,处理好政府与市场的关系,使市场在资源配置中起决定性作用和更好发挥政府作用。

第二,深化要素市场改革,打破地方垄断和行政垄断,对外资、民营经济和国有资本推行准入前国民待遇加负面清单的准入门槛,建立统一开放、竞争有序的现代市场体系。

第三,深化金融体制改革,在完善金融监管的前提下降低民间资本和外资准入门槛,扩大金融业双向开放,有序实现人民币资本项目可兑换,推动人民币国际化。

第四，我国货物贸易法律法规已经相当成熟，亟待加强服务贸易和技术贸易的法制建设。

第五，有效应对国际上的科技和知识产权壁垒，加强知识产权保护，优化创新环境，最大限度地激发知识创造潜能，构建世界知识中心和科技创新中心。

第三节　经济全球化带来的机遇与挑战

一、中国层面经济全球化的机遇与挑战

（一）经济全球化为我国发展带来的机遇

经济全球化为我国经济的发展带来了难得的机遇，我国与世界经济的发展逐渐融为一体，通过我国经济发展的实情来看，我国面临的发展机遇主要如下：

第一，经济全球化促进了我国经济资源的优化配置。由于我国正处于并将长期处于社会主义初级阶段很多经济资源都与国家上其他国际相差甚远，经济全球化的实现为我国提供了资源优化配置的机会，促使我国能够有效吸引外资，引进国外的先进技术及管理经验，来取长补短，从而加速我国的技术进步、产业升级、经验创新以及经济发展。同时，我国还可以充分挖掘人力资源优势，将人力密集型企业向全球发展，从而不断扩大我国出口商品的国际市场占有率，为缩短与世界发达国家之间的差距提供了有利保障。

第二，经济全球化为我国信息产业的发展提供了广阔平台。随着网络的发展，信息已逐渐成为全球化经济中最为重要的资源和商品。在经济全球化的背景下，我国的信息产业发展迅猛，目前已成为我国经济增长的重要产业支柱。经济全球化为我国信息产业的发展提供了广阔的发展平台，使我国的信息技术走出国门、走向世界。

第三，经济全球化可以使我国有效地利用世界资源。对于世界资源的利用主要体

现在跨国公司上，我国可以利用资源优势来吸引外商投资，一方面能有效地利用其资金、技术、人才及管理经验；另一方面也能进一步凸显我国的市场规模及人力优势，从而推动我国经济的不断发展。我国应把握这一发展机遇，在满足经济全球化分工条件的同时，来促进我国经济的平稳发展。

第四，经济全球化为我国提供了国际人才交流的市场。经济全球化的发展主要依靠的是人才，只有不断地吸引人才，才能实现更多、更丰富的国际经济往来，因此，人才资本也成为当代经济发展最具价值的因素。我国经济之所以能够快速发展，最根本的因素就是人才的培养，我国不断出台最惠政策来吸引国际人才，同时也将大批人才输送到国外进行深造，从而为我国经济发展注入新鲜力量。

第五，经济全球化为我国的企业发展带来了新格局。一方面促进了我国经济全球化的发展进程，目前，我国很多沿海城市已成为国际贸易发展的重点地区；另一方面我国抓准时机，不断地拓展海外市场，并建立属于自己的跨国公司，通过经济全球化这一纽带不断地做大、做强。

（二）经济全球化使我国发展面临巨大的挑战

经济全球化在为我们带来机遇的同时，也使我们面临巨大的挑战，具体表现如下：

第一，经济全球化的金融风险为我国带来了挑战。经济全球化的又一表现形式就是金融全球化，随着我国金融市场国际化进程的加快，面对国际上一些国家金融的影响，我国可能会面临较大的金融危机。

第二，不合理的经济秩序的制约所带来的挑战。目前，经济全球化的经济秩序更多的是由经济发达国家所建立的，经济欠发达国家要想接受平等的待遇，就需要不断地发展自己的经济实力，这个过程是漫长的，也是艰辛的。

总而言之，"面对机遇与挑战，我国审时度势、扬长避短，充分发挥我国的经济优势，逐步推进与经济全球化发展的进程"[1]。我国正不断调整经济政策，朝着经济

---

[1] 吴依泽. 经济全球化给中国带来的机遇和挑战[J]. 中国民商，2018（11）：16.

全球化的方向努力发展，以适应经济全球化的发展背景，深度融入世界的经济浪潮当中，进而从世界的角度看中国，中国依然屹立在经济强国之列。

二、世界层面经济全球化的机遇与挑战

第一，世界层面经济全球化的机遇。从世界经济发展的趋势来看，经济全球化带给世界各国的利益表现在两个方面：①可以优化世界各国经济资源的配置，使生产要素实现共享。特别是对于工业发达并以跨国经营的方式构建经济发展体的国家而言，经济全球化可以促进他们在世界范围内开展经营，实现资源共享，最终达到利益最大化的目的。②经济全球化为世界各国的经济发展开拓了极大的发展空间。发展空间的扩大，使世界各国可以通过分工、合作等模式，来推动经济发展，这对于发展中国家是一个难得的机遇，发展中国家不仅可以借助此契机引进其他国家的先进技术，还可以吸引外商投资，运用多种方式来发展经济，从而缩短与发达国家之间的差距。

第二，世界层面经济全球化的挑战。①竞争加剧。由于世界各国的经济发展水平不一致，很多国家在竞争中不占优势，经过激烈的竞争，导致与具有经济优势国家之间的经济差距会越来越大。②依据目前经济全球化的发展形势来看，对欠发达国家提出了严峻的挑战。虽然是经济全球化，但大部分经济资源主要在具有经济优势的国家手中，因此，在经济全球化的背景下，如何维护发展中国家的利益与主权，是很多国家面临的一项严峻挑战。

第四节 我国经济结构优化与经济全球化

一、我国产业结构与经济全球化

从我国经济产业结构的演进过程来看，我国农业经济比重从 1978 年起总体上一直处于下降态势，工业经济稳步发展，服务业经济则总体上一直处于上升态势。虽

然我国产业结构自1978年开始一直处于不断优化升级的发展态势,但经济产业结构仍需要完善:首先,我国工业所占比重依旧过大;其次,我国服务业所占比重仍然偏低。

一个国家的产业结构优化升级,与这个国家的经济发展存在密切联系。当前,服务业占我国国内生产总值(GDP)比重增加值,对我国经济增长的影响最为明显,而工业、农业相对次之。我国经济产业结构优化升级在经济全球化的背景下具有巨大优势,主要体现在以下四个方面:

第一,经济全球化推动我国对外贸易发展,而对外贸易发展能够化解我国的产品结构性过剩或结构性短缺等问题。随着我国经济发展,我国产品结构升级优化之后,传统产业结构生产能力必然会出现过剩,而对外贸易的发展,不仅可以将我国的生产能力过剩与其他国家的生产能力短缺结合在一起,同时也可以将其他国家生产能力过剩与我国生产能力短缺结合在一起,实现全球化多赢。

第二,我国经济发展吸引而来的外商直接投资(FDI),为我国经济产业结构的升级优化创造了新的契机。在经济全球化的大背景之下,FDI的到来不仅填补了我国经济发展所需的资金缺口,同时更广泛扩展了我国经济产业发展空间,为我国经济产业结构的不断升级优化提供了强劲动力。

第三,经济全球化的发展,为我国经济产业结构的升级优化提供了更为广阔的技术发展平台和更先进的技术支持。

第四,我国企业在经济全球化的背景下逐渐走出国门,走向世界,不断在世界范围内开展贸易,如承接外包业务、开拓世界市场,这进一步推动了我国经济产业升级优化速度。正是由于我国经济产业结构优化升级在经济全球化的背景下具有巨大优势,因此,我国政府制定了相关的经济产业结构优化升级政策,以顺应经济全球化的发展态势,不断推动我国经济产业结构的优化升级,促进我国经济的全面高速发展。

二、我国就业结构与经济全球化

我国就业结构与经济产业结构几乎同步演进,随着我国经济产业结构的不断优化升级，就业结构也在同步优化升级，而就业结构的优化升级会进一步刺激经济产业结构的优化升级，从而形成就业机构优化升级与经济结构优化升级相互促进的内在关联。

我国就业结构的优化遇到了新的契机，而这一契机产生于经济全球化的历史大背景下，我国企业广泛参与全球化分工和垂直专业化分工的过程，这一过程对我国就业结构优化升级产生了深刻影响。例如，我国工业企业参与全球垂直专业分工，在总体上对我国熟练劳动力的需求有所降低，而对非熟练劳动力的需求却在逐步增加。总而言之，经济全球化不仅直接作用于我国的就业结构，同时也在作用于我国经济产业结构之后，由经济产业结构再次作用于就业结构，从而多方位地促进就业结构的优化升级。

三、我国对外贸易结构与经济全球化

在20世纪70年代末的出口贸易中，我国出口产品均为初级产品，且这种情况一直延续到80年代中后期才结束。随着我国开放程度的不断深入，科学技术发展水平不断提升，自90年代起，我国出口产品结构逐渐由初级产品转变为高附加值的工业产品，初级产品出口比例不断降低。而我国进口产品则表现为一种与其相反的发展态势，进口初级产品比率不断上升，进口工业产品比率明显下降。进出口产品结构的转变，反映了我国对外贸易结构随着我国科技水平发展而不断优化的发展态势。

传统国际贸易理论十分重视进出口在国民经济中的地位，以及对经济发展的带动作用。一般而言，出口与经济增长之间存在密切关系，一个国家出口产值增加，这个国家的国民收入必将成倍增长，这也进一步说明，如果一个国家科技水平提升，而在其他因素基本保持不变的情况下，国家出口产品附加值必然上升，而进口知识和科技的产值必然下降。

当前，人们通过运用误差修正模型、脉冲响应函数、协整理论、方差分解技术等现代经济原理，对我国贸易总额、出口总额、进口总额等大量数据以时间为序列进行了平稳性分析，最终发现我国的经济增长与进出口贸易之间，存在长期的、稳定的、

和谐的发展关系，我国经济增长对我国的外贸经济发展起到了十分显著的促进作用，同时，进口贸易对经济增长的促进作用明显高于出口贸易。而在经济全球化这一大背景之下，随着我国对外贸易总量的不断攀升，我国进口贸易结构必然需要进一步优化升级。也只有不断对我国对外贸易实施优化升级，才能在抵御经济全球化对我国经济发展带来的风险的同时，利用经济全球化这一发展契机，将我国经济发展推向更高水平。

第二章　全球化重塑背景下我国区域经济产业链创新

第一节　区域经济增长与发展的基本理论

一、区域经济增长理论

区域经济增长是指一个区域生产的产品和劳务总量不断增加的过程。区域经济增长实质上是指区域经济总量的增长，表现为一系列经济指标值的增加，如国内生产总值、人均国内生产总值、人口规模等。区域经济增长的速度通常用国内生产总值年增长率来表示。

区域经济增长具有三个特性：①增长仅指经济总量的增加，即国民生产总值的增大。②增长是一个长期的变动过程，是一个地区经济总量的攀升过程。在这个过程中，经济增长并不一定都呈正值，即有时会出现负增长。③增长既是区域经济发展的基础和前提，又是区域经济发展的必然结果。与增长相伴出现的，是人均收入水平的提高，人口的向心迁移和城市人口的增多，以及就业规模的扩大。

经济活动是人类最重要的社会活动，区域经济发展的核心是增长。因此，分析区域经济增长的影响与制约因素是研究区域经济增长的起点，对于促进区域经济发展具有重要意义。现代经济增长理论正是由探索不同要素对经济增长贡献的差异，建立了不同的增长模型，形成了不同的流派。

区域经济增长的影响因素可以归结为区域的自然条件和自然资源、区域经济基础、区域产业结构和空间配置、区域市场容量和开发程度、区域资金总量和流动渠道、区域对外界的开放特征、区域间的相互作用以及区域教育和科研水平、民俗和消费习惯等。从不同的角度出发，采用不同的标准，可以把区域经济增长因素分为不同的类型。

根据影响的来源和作用方式不同，可以将区域经济增长因素分内部因素和外部因素：内部因素产生于区域的内部，包括生产要素的供给、消费和投资需求等因素；而外部因素则来源于区域的外部，包括区际要素流动、区际商品贸易、区域产业结构与产业布局等方面。前者反映了区域经济增长的潜力和自我发展能力，后者则反映了外部环境条件对区域经济增长的影响。

（一）区域经济增长的内因

区域经济活动得以正常运转，不仅要有供给，如土地、资源、资金、劳力、技术、设备等生产要素的供给投入，还要有需求，即对产出的物质、非物质产品和服务有消费需求。需求对区域经济增长具有一种拉力，而供给对区域经济增长又产生一种推力，在需求拉动和供给推动的双重作用下，区域经济才得以启动并逐渐增长和发展起来。因此，需求和供给是启动区域经济增长的原动力，是区域经济发展的内在因素，对区域经济增长和发展起着决定性作用。

1. 需求因素

需求因素又可分为外部需求和内部需求两类。

外部需求是指某个区域空间范围以外的市场对该区域所生产的某种产品和服务的需求。为满足这种需求，该区域需要扩大生产规模，出口或输出市场需要的产品和服务，从而为本区挣得收入，带动区域经济快速发展。因此，外部需求是区域经济增长的主导力量和决定性因素。内部需求是指某个区域自身市场对本区的产品和服务的需求。外部需求表现为区际贸易，内部需求表现为区内贸易。与外部需求相比较，内部需求对区域经济增长的拉动作用要小得多。

区域的需求能力取决于投资和消费水平。消费是对现有产品和服务的需求，它可直接带动区域经济增长和发展。无论是投资质量，还是投资数量，都直接关系着国家和区域经济的增长，是决定总需求的关键因素。要扩大投资，就必须有丰富的金融资本。而储蓄是投资资金的重要来源之一，只有当储蓄转化为生产性投资，才能刺激区域经济增长。消费实际上是对当前资源的利用和消耗，而投资（储蓄）虽然抑制了当前的消费，却能在可预期的未来创造更高水平的消费。因此，要实现区域经济增长，就必须将一部分消费转化为储蓄，进而转化为投资。

2. 供给因素

区域生产过程中所需的生产要素由本区提供称为区内供给；反之，若某一区域生产过程中所需的生产要素由区外提供，则称为区外供给。无论是区内供给还是区外供给，都可以给区域经济带来发展机遇，推动区域经济快速增长，很难判断区内供给和区外供给对区域经济发展的促进作用孰大孰小。区内和区外供给的生产要素分别通过区内贸易和区际贸易、劳力迁移以及资金流动等来实现，但各种生产要素对于区域经济增长的影响和作用是不同的。

（1）自然条件和自然资源对区域经济增长的影响（表 2-1）。

表 2-1　自然条件和自然资源对区域经济增长的影响

分类	内容
自然条件与自然资源是区域经济形成与发展的自然物质基础	联合国环境规划署将自然资源定义为：在一定的时间、地点条件下，能够产生经济价值，以提高人类当前和未来福利的自然环境因素和条件。生产力由劳动力、生产工具和劳动对象三个部分组成，其中生产工具和劳动对象两个因素直接或间接地与自然条件和自然资源有关。因此，自然资源是区域生产力的重要组成部分。随着生产力的发展和科学技术的进步，自然资源开发的广度和深度不断扩展，自然资源的范畴也不断扩大

续表

分类	内容
自然资源状况和丰裕程度影响区域经济发展战略定位和战略重点选择	气候状况直接决定农林牧渔业发展的比例、重点和生产效率；地形地貌、人口密度决定了交通运输业及城镇的布局；自然资源禀赋直接影响各地区工业投资的重点和投资比例，并在很大程度上决定了各地区经济发展的水平和方向。在自然资源丰裕的区域，对资源的开发利用可能成为区域发展战略的重点选择。同时，自然资源禀赋差异制约着区域的生产活动，进而影响区域的社会劳动分工
自然资源的质量和数量影响区域的产业结构调整	一个地区自然资源状况对该区域产业结构起着重要的甚至是决定性的作用。区域内自然资源种类多，围绕不同的自然资源进行生产和深度开发的产业群就多；反之，区域自然资源数量越少，对区域规模经济发展和产业结构调整的制约就越大。根据资源对地区经济的影响程度不同，可将地区经济结构分为资源型、资源加工型和加工型三种类型。资源型经济结构是指区域自然资源赋存状况良好，资源的地域组合状况较为理想，自然资源对区域专业化部门的形成和发展起决定作用，区域向外输出的是直接的采掘工业产品、农产品或资源含量较高的材料工业产品和重化工产品。资源加工型经济结构是指区域内具有部分资源，资源组合不理想，部分重要资源仍然需要区外输入。加工型经济结构是指区域缺乏发展经济所需的自然资源，农矿产品、能源主要依赖区外输入，通过不同层次的加工和再加工向外输出制成品。自然资源数量和质量不但影响自然资源开发的效益，而且也是决定区域产业发展的方向和内容，以及选择区域发展模式的依据之一
自然资源的可持续利用状况决定着社会经济的持续发展	自然资源的开发对社会经济发展做出了不可替代的贡献，自然资源禀赋是社会经济可持续发展的基础和条件。但是自然资源的开发利用不仅是资源的保护和利用问题，更是环境问题，关系到人类的生存和发展。如果对自然资源开发利用不当，将在一定程度上对环境和生态造成不可逆转的破坏作用，对经济、社会可持续发展造成影响

（2）劳动力资源对区域经济增长的影响。劳动力资源是指区域内的人口总体所具有的劳动能力的总和，是存在于人的生命机体中的一种经济资源。研究区域内劳动力资源对经济增长产生的影响必须从数量和质量两方面来考虑。

第一，劳动力数量对区域经济增长的作用。劳动力投入的增加，可以提高区域经济的产出水平。在一定的技术条件下投入经济活动的劳动力越多，能够推动的生产资料也就越多，所生产的产品就越多，经济增长就越快。

劳动力数量影响要素投入的结构。在劳动力资源丰富的区域，为了充分利用劳动力数量多的优势，一般选择劳动密集型产业，可以最大限度地避免资金的约束，而使区域经济获得稳定增长；而在劳动力资源较为短缺、资金较为充裕的区域，则宜采用资本密集型产业，使生产要素得到最合理的配置。

第二，劳动力素质与经济增长。劳动力素质指的是劳动者具有的体质、智力、知识和技能的总和，劳动力素质的提高，将会促使一个区域产出的增加。从体质上讲，劳动力充沛的精力和健壮的身体使其在劳动过程中能增加实际的劳动供给，同时，健康的身体能减少劳动者的生病时间，增加有效劳动时间。从智力方面而言，劳动者创新能力的提高使得劳动者能从事发明、创造，寻求解决生产过程中所出现问题的思路和方法，从而在劳动量投入不变的情况下增加产出量；知识水平的提高，使劳动者可以较快地接受新工艺、新操作方法，适应新技术、新设备，并能将发明和引进的新技术尽快和生产相结合，转化为生产力，从而增加产出。

劳动力素质的提高，将提高劳动生产率。随着科学技术的进步，经济发展对劳动力的科学、技术、文化素质的要求越来越高。一个区域只有具备高素质的劳动力条件，才能大力发展技术密集型产业，优化产业结构，提升区域竞争力。

（3）资本对区域经济增长的影响。从类型上看，一般把资本分为物质资本、人力资本和金融资本。物质资本指的是长期存在的生产物质形式，包括机器、设备、厂房、交通运输设施等，这里讲的资本即物质资本。资本是经济增长的重要因素之一，资本积累的大小是经济增长率高低的关键。

（4）技术变化对区域经济增长的影响。随着社会经济的不断发展，科学技术对社会经济发展的作用越来越大，技术进步对经济增长的贡献远远超过资本和劳动力投入量增加的贡献，成为经济增长的主要动力和源泉。技术变化对经济增长的影响主要表现在以下方面（表2-2）：

表2-2 技术变化对区域经济增长的影响

分类	内容
不同的技术决定了各种要素在经济活动中的结合方式	资本、劳动和自然资源在经济活动中总要按一定比例，以某种具体形式结合在一起才能形成现实的生产。而各种生产要素结合的比例，从根本上而言是由技术决定的。一般而言，技术进步能使其他要素得到节约，而降低劳动时间和劳动强度是技术进步的最终目的。然而，就不同区域而言，由于要素禀赋的差别，技术进步对各种要素投入结构的影响也是不同的。对于劳动稀缺的区域，宜采用"节约劳动型技术"；对于资本稀缺的区域，宜采用"节约资本型技术"；而对于自然资源稀缺的区域，则应采用"节约资源型技术"。科学技术的应用与推广可以缓解经济发展对有形资源的依赖，改变经济增长方式，促进经济可持续发展
技术进步不断改变劳动手段和劳动对象	劳动手段，主要表现为生产工具，尤其是机器设备。一般而言，技术的重大变化主要体现在机器设备等劳动手段的变化上。大机器代替人工劳动，自动化机器代替人工操作机器，这种变化都是技术进步的结果，而且能大大提高产出的水平。技术进步对劳动对象的影响主要表现在两个方面：一是通过改变材料的物理或化学属性，促使新材料的出现；二是为人类寻找新的矿产资源提供手段。科学技术进步加深对资源的开发利用程度和效率，扩大资源的利用范围，降低了资源的有限性和稀缺性对社会经济发展所造成的瓶颈制约
技术进步能促进劳动力质量提高	人类社会的一切技术进步都是劳动力质量不断改善的结果，反过来，技术进步又会促进劳动力质量的提高。一是较先进的技术要求劳动者具有较高的素质，这就迫使劳动者接受更多的教育和不断进行技术培训；二是技术的现代化往往与分工的深化相联系，因而能使劳动者在专门化的劳动中提高技能；三是技术进步能节约劳动时间，从而为提高劳动者的精神素质和体力创造了条件

续表

分类	内容
技术进步促进产业结构变化	区域产业结构的变化趋势为，生产要素不断地由第一产业向第二产业转移，再由第二产业向第三产业转移。从要素的密集程度来看，由资源密集型、劳动密集型产业向资本密集型产业转移，再由资本密集型产业向技术密集型产业转移。引起产业结构变动的原因，有要素禀赋的变动，人们消费偏好的变化，区域输出和输入商品结构的变化等，但最根本的原因还在于技术的进步。技术与自然资源、劳动、资本的表现形式有很大不同。从投入角度而言，技术是通过改变其他要素的形态和质量来实现自身价值的，无法从其他要素中分离出来。从产出角度来看，一般是用产出增长减去其他要素的投入增长来表现技术进步对经济增长贡献的

3. 影响区域供给能力的因素

从以上分析可知，要素供给对于区域经济增长具有重要作用，如果没有充足的要素供给，区域将无法组织生产活动。影响区域供给能力的因素包括四个方面：第一，可获得的生产要素投入量及其生产过程；第二，与生产要素相关的生产技术；第三，生产过程中经济规模的合理性，包括内部规模经济和外部规模经济的实现；第四，生产的组织管理方式，大规模专业化的生产组织形式出现，以及通信技术和专家服务、社会化服务业的持续发展，将大大提高生产的管理效率和产出能力，从而增加区域内供给能力。此外，生产要素跨区域流动，越来越影响区域供给能力变化，关于这一问题，后面将详细介绍。

需要指出的是，供给本身对区域经济增长的驱动是不明确的。在分析区域经济发展问题时，必须紧密结合市场需求变化，综合考虑供给和需求，以及复杂的外在因素影响，然后才能做出决策。

（二）区域经济增长的外因

1. 区域经济增长与结构变化的影响

区域产业结构优化配置及产业组织结构优化、空间结构的合理有序等，都是促进区域资源优化配置的重要途径，是促进区域经济增长的重要因素，影响区域经济的稳定增长。

伴随着区域经济增长，产业结构必将发生变化，产业结构变动是资本寻求利益最大化的结果。而资本收益的增加，表明在资本投入量既定的情况下增加了产出，所以，产业结构变动能够促进经济增长。产业结构的变动会引起就业结构的变化，劳动力向收入更高的产业转移，说明在就业总量不变的情况下，就业结构的变化能提高全社会的劳动生产率。同时，就业结构的变化将有助于提高劳动力的素质，进而会促进经济增长。

此外，伴随经济发展，区域内外企业的组织结构将发生变化，各产业内部将形成以一个或几个大型企业集团为主体和其他中小企业联系密切的组织形式，获得规模经济效益和集聚经济效益，促进区域经济的增长。

2. 区域经济增长与空间布局的影响

由于各地区自然条件和自然资源禀赋存在很大差异，在规模经济和集聚经济机制影响下，区域经济的空间分布不是均匀的，产业和人口在一些极点、轴线上高度聚集，而在广大腹地则十分稀疏。集聚合理、疏密有致的空间结构，可以取得较大的集聚经济效益，对区域经济增长产生积极的推动作用。反之，过分强调空间布局，则不能取得相应的集聚经济效益，区域经济发展进程缓慢；而过度集聚又会使大城市地区过度膨胀，造成集聚不经济，从而延缓或阻碍区域经济的增长和发展。

3. 区域经济增长中生产要素流动的影响

要素流动对区域经济发展有着重要的作用，归纳起来主要有以下五个方面：

（1）区域要素的流动产生组合效应。各种经济活动在空间中是分散的，要素流动使它们组合为一个整体，通过迁移、流动、交换等作用过程，分散的人群和活动便被吸收和组织在一个统一的系统中，从而使经济社会逐渐秩序化。

（2）区域要素流动使得具有比较优势的要素可以超越本地的市场，以广大的区际市场为对象从事生产。而市场的扩大又促使企业分工，进一步促进区域内部的分化，强化劳动地域分工，提高劳动生产率，促进区域经济发展。

（3）通过要素自由的流动，利用本区的比较优势与其他地区的交换，得到本地区缺乏的资源；同时，要素的流动意味着竞争机制的引进，适度的竞争使企业致力于不断改善其产品的质量，降低产品价格，使得资源得到最有效的配置。

（4）区域要素的流动表明各地区的相对优势是可以改变的，所具有的优势明天也许就会丧失，各地区都有机会根据资源变化情况，在不同的方面强化、发展各自的相对优势，形成区域特色经济。

（5）生产要素流动可以在一定程度上改变一个地区的要素禀赋状况。生产要素长期的、充分的流动，尤其是资本和劳动力的跨区域流动，增强了各要素间的互补性，使要素得到最优配置，促进各区域的要素利用效率并提高实际收入水平，从而为区域经济一体化的实现提供了条件。

4. 区域经济增长与区际贸易的影响

基于区域外部需求的区际贸易有广义和狭义之分。其中广义的区际贸易既包括一国范围内各个区域间的国内贸易，也包括跨国界的国际贸易；既包括区际商品贸易（商品输入和输出），也包括区际服务贸易，如旅游业等。区际贸易也是影响区域经济增长的重要因素，对区域经济增长具有乘数效应。

二、区域经济发展理论

经济发展的全部内涵就是一个国家财富的积累和劳务生产的增加，以及人均国民生产总值的提高，随着发展，这种观点面临着许多国家尤其发展中国家经济发展现实的严峻挑战。区域经济发展是指在经济增长的基础上，一个国家经济结构、社会结构不断优化和高度化的演进过程。

发展既可以表示经济的增长、人们的富裕，又可以表示人类美好、进步和文明，还可以表示经济和社会结构的演进。①区域经济发展不仅着重外延扩大再生产，即经济规模的扩大，更强调内涵扩大再生产，尤其是科学技术进步和组织管理水平提高带来的经济效率的提高；②发展是一个多层次的变动过程，它不仅涉及物质产品生产的增长，而且涉及社会和经济制度的完善以及人们价值取向的变动；③发展是一个长期的变动过程，短期的经济波动并不能真正反映经济发展的本质特征；④发展不仅代表人类的进步过程，还蕴含着人类所采取的开发行动，如各种开发方案、各项政策措施，以及开发的结果。

三、区域经济增长与发展体系理论

区域经济的增长通过各种不同的机制发生扩散和传播，主要包括以下方面：

第一，市场需求的拉动体系。市场需求包括区内市场的需求和区外市场对本区域产品、劳务的需求。为满足市场最终需求，区域就会对产业进行产出定位并注重区域内各产业部门之间的后向联系，确保最终产品的生产需要。随着需求发生变化，区域将不断组织生产要素进行新产品的生产，从而带动区域经济持续增长。

第二，要素投入的驱动体系。资本、劳动和技术等生产要素的投入，是区域经济增长的必要条件。从区域经济来看，一种新的（或稀缺的）生产要素引入，可以与其他生产要素配合生产出新产品（或降低原来的生产成本），从而带动区域经济增长。将稀缺的要素投入生产效率更高的产业或地区，能够产生显著的杠杆效应，宏观的经济增长必然会十分明显。此外，区域通过改善硬环境和软环境要素，可以降低经济运行成本或提高经济活动效益，也会间接促进区域经济增长。硬环境指基础设施条件，相关产业的布局条件等，软环境则包括经济制度、管理方式及组织形式等。

第三，中间投入的拉动和驱动体系。中间产品投入对某些部门而言，形成了其需求市场，对另外一些部门而言，又形成了其投入的要素。中间投入比重的增长是区域经济增长的一种趋势。特别是在工业化的过程中，第二产业的中间投入增加很快，并随着增加中间投入的使用量来增加经济产品的价值，促进区域经济的增长。

第四，产业部门增长的拉动体系。区域经济增长可以具体化为各种产业部门的增长。在一定时期，可能有某一个或几个部门增长速度很快，从而带动区域经济获得整体上的增长。在区域经济发展的不同阶段，关键是正确选择重点发展的产业部门，以充分发挥其生产联动作用，促进技术进步，提高区域整体发展水平。

第五，先行地区增长的拉动体系。区域经济增长也可以具体化为各地区的增长，在一定时期，可能有某一个或几个地区增长速度很快，成为带动性的先行地区，从而使区域经济获得整体上的增长。

第六，区域创新的引领体系。人力资本成为经济增长的主要因素后，创新就成为左右经济增长的关键性行动。人力资本的开发就是通过创新表现出来的，这种创新可以反映在五个方面：①使用一种新的技术；②开发一种新的产品；③运用一种新的工艺；④开拓一种新的市场；⑤采用一种新的组织形式。区域创新是这五个方面的集成，是把人力资本所实现的创新在区域上表现出来。通过不断创新，区域经济增长水平和质量才能不断提高。

四、增长的传播途径及其效应理论

促使区域经济增长的需求拉力和供给推力一旦产生，便通过各种渠道迅速在区域内传播开来，从而带动区域经济增长。这种增长力在区域经济增长达到一定程度后，会向区外扩散，引发另一个区域的经济增长。区域经济增长得以传播的途径就是区域内部或区际各种经济、社会、文化甚至政治联系，其中又以经济联系，特别是生产性联系最为重要。

（一）纵向经济联系

纵向经济联系的企业之间存在互为产品和原料的生产联系，纵向联系具有自动强化的属性，它可产生累积性或连锁性反应。例如，聚集的外部经济对性质相似的企业或产业具有很大的吸引力，从而促使这类企业向这里集中，势必会进一步强化集聚经济，使被吸引的企业个数增多，从而促使经济再一次扩张。纵向联系的这种自我强化作用，还可引发乘数效应，即一个经济区经济活动水平的某一初始变化，会引发同一方向的进一步变化，进而影响更多种类的产业增长或衰退。

（二）横向经济联系

横向经济联系作用下吸引大批企业围绕区域主导专业化部门而布局，使聚集的规模进一步扩大。横向联系除具有这种正面影响外，同时还具有限制区域经济增长的负面影响，从而削弱某种初始发展动力，使区域经济发展由高速增长转入稳定增长阶段。因为一个区域内聚集的产业种类和企业个数增加，便与主导产业部门或它们之间竞争当地的稀有资源投入，如土地、水、电、运力等。特别是在短期内，这种对当地稀有资源需求的大量增加，势必会抬高上述资源的价格，增加生产成本，从而遏制区域经济的爆炸性增长或导致衰退。

区域经济增长的原始动力正是沿着纵向经济联系和横向经济联系的渠道，从一个企业传向另一个企业，从一个产业部门传向另一个产业部门，从一个地区传向另一个地区，从而带动区域经济全面增长和发展。

五、区域经济增长与发展输出、发展进口理论

（一）区域经济增长与发展输出基础理论

输出基础理论（又称作"输出基地理论""出口基础理论"），是一种侧重从需求角度阐述区域经济增长动因的经典理论，在该理论中，经济被划分为两个部门，即基础部门和非基础部门。

1. 输出基础理论要点

区外需求是区域经济增长的主要原动力，因此，一个区域的经济增长主要由该区域的输出产业来决定。外部需求的扩大，会带动区内的输出产业和服务业的发展，使区域的输出基础得到相应增强，这将启动一个乘数过程，其乘数数值等于区域总收入或就业量与输出部门的收入或就业量之比。

区域基础部门（输出产业）通过乘数效应带动区域经济增长，区域输出的既可以是各种产品，也可以是技术、资金、劳务、信息等。一个区域输出产业的规模越大，它通过输出产品和服务挣得的收入就越多，扣除生产成本外，还有一笔收入可用来满足人们对区内产品和服务的需求，从而构成一个庞大的消费市场，带动区域内生活自给型产业的发展。同时，输出产业得以正常运行，还需要区域内许多产业提供的生产

协作。因此，输出产业的发展还会带动与之有生产性联系的相关产业和生产性服务业的发展。

2. 输出基础理论适用范围

（1）这种将出口需求作为区域经济增长唯一原动力的输出基础理论具有一定的局限性。当区域范围大到囊括众多国家的整个地球村，地球村内部各经济区之间互通有无，发展区间或国际贸易，按照输出基础理论，每个区域的经济都会成倍增长，全球的经济也会有相应增长。但是作为整体的地球村的经济是自给的，它并不向其他星球输出任何东西。可见，输出基础理论适用范围是有一定限度的，它不能用于最高层次的、空间范围过大的经济区。

（2）能够采取输出基础理论指导本区域经济发展的地区，必须具有优于其他地区的多种优势。

（二）区域经济增长与发展进口替代理论

1. 进口替代理论要点

一个区域通过输出产品和服务，可为本地区挣得收入；反之，进口产品和服务则需要花费外汇，使出口所得的外汇额减少。因此，区域输出额越大，对区域经济增长的正面效益即推动作用就越大；而在区域的收入总量中，为进口而支付的部分越少，则进口带来的负面影响即对区域经济增长的抑制作用就越小。

在经济发展的早期阶段，由于某种产品的区域市场容量小，或生产技术不成熟，或缺乏某种资源但成本太高而不能组织生产，就需要从外区进口这种产品，以满足当地对这种产品的需求。而随着区域经济发展壮大，区域工业实力、收入水平和人口规模不断增加，市场容量不断扩大，生产技术渐趋成熟，区域又具备发展生产所需的各种条件，能够在当地生产原来需要进口的某种产品，来满足地方消费，代替进口。代替进口的产业对区域经济的带动作用是显而易见的，其意义绝不亚于出口的相应增加。区域经济发展程度越高，进口替代的可能性就越大，从而创造出更多新的就业机会，增加新的收入，带动其他产业的发展，成为新的区域经济增长点。

2. 进口替代理论适用范围

进口替代理论强调的是区内生产和区内消费，它适用于区域范围比较大的高层次的综合性经济区。由于进口替代产业的发展，会增强区域的自给性，如果在低级的小型的经济区中推行进口替代战略，则势必会导致区域的闭关自守，形成"大而全、小而全"的经济结构，从而降低经济效率，减缓区域经济增长的速度。

六、区域经济均衡增长理论

区域经济均衡增长理论的理论基础是经济增长理论，实践基础是发展中国家和欠发达地区的经济社会状况。目的是通过对发展中国家和欠发达地区总体情况的分析，提出使其摆脱贫困，实现工业化和现代化的路径。

（一）区域经济的贫困恶性循环理论

1. 贫困恶性循环的体现

发展中国家存在的"贫困恶性循环"体现在以下两个方面：

（1）"收入水平低下→储蓄不足→资本缺乏投资不足→生产率低下→收入水平低下"的恶性循环。

（2）"收入水平低下→购买力不足→市场规模有限→缺少投资诱惑力→投资不足→生产率低下→收入水平低下"的又一个恶性循环。

以上两个恶性循环相互制约，互相加强，构成一个恶性循环。

2. 贫困恶性循环的转变

发展中国家摆脱贫困恶性循环的途径是：同时、全面地对国民经济各部门进行投资。在经济增长初期，之所以选择均衡增长的发展思路，一方面，由于各部门同时扩大生产规模，可以相互利用便利的生产、销售条件，降低生产成本，从而获得内在和外在经济效益；另一方面，由于均衡增长使各部门之间相互产生需求，避免形成多余的生产能力，并加强投资引诱，促进供给和需求保持平衡，使经济稳定而均衡地增长。

（二）区域经济的大推进理论

1. 大推进理论内容

各类国家和地区要有效地促进资本的形成和经济增长，必须在国民经济各部门中同时增加投资，从而实现各部门的均衡增长。因此，该理论被称为"大推进"理论。发展中国家由于缺乏大推进从而长期滞后于西方发达国家，如果这些国家有一个全面、大规模的大推进，世界经济的进程就会大不相同了。

2. 大推进理论基础

大推进理论的理论基础是三种"不可分性"。

（1）社会基础资本或社会分摊资本的不可分性。凡是投资项目，都是不能无限细分的，只能以大量的、全面的、连续的方式进行，才能达到最适度的规模，充分利用规模经济效益来降低成本。否则，就不能达到最适度的规模，也就不能充分降低成本。

（2）需求的不可分性。面对发展中国家市场规模小、收入水平低的现实，在没有充分可供选择的国外市场存在的情况下，需求量"不可分"。如果只对某一个产业或部门投资，将会使这个产业或部门因产品缺乏需求而难以发展下去。因此，适应需求的不可分性，就应广泛地、大规模地在许多产业或部门进行投资。

（3）储蓄的不可分性。投资的来源主要是储蓄。只有当收入的增长达到一定程度以后，储蓄才会快速地增加。为达到这一程度，发展中国家的经济建设规模，必须发展到足以保证收入的增长超过一定的程度，并以此突破"储蓄缺口"对经济发展的约束，从而为经济的增长提供充足的投资资金来源。

（三）区域经济均衡增长理论评价

以上两种均衡发展理论，都把启动发展中国家经济发展的切入点选在了投资环节，特别是工业化初期，应将投资的重点放在基础设施和轻工业部门的理论，不仅在当时的历史条件下是合理的，而且对当前我国的西部大开发战略的实施，也有极好的借鉴意义。

但由于这些理论的创建者，均没有提出该理论的阶段性或时限性，使其在实践中出现了普遍以牺牲较发达地区的经济利益为代价、降低经济效率的诸多案例。此外，虽然他们强调政府在推进发展中国家和次发达地区经济发展中的作用是正确的，尤其是在工业化发展的初期阶段，政府的作用是市场所不能取代的，但这也应有个时限。并且，由于各地区的差异，在经济发展中非均衡是常态，不可能达到理想中的均衡发展。在国与国、省与省，甚至地方与地方之间，总会有生产生活条件方面的某种不平等存在，这种不平等可以减少到最低程度，但是永远不可能完全消除。

七、区域经济非均衡增长理论

（一）区域经济的"极化—涓滴效应"理论

1. "极化—涓滴效应"理论要点

（1）经济进步并不同时出现在所有地方，而一旦出现在某处，巨大的动力将会使得经济增长围绕最初的增长点集中。在经济发展过程中，一个或几个区域实力中心首先得到发展，增长点或增长极的出现必然意味着增长在国际或区域间的不平衡，是增长本身不可避免的伴生物和前提条件。

（2）不发达区域应集中有限资源和资本首先发展一部分产业，以此为动力逐步扩大对其他产业的投资，带动其他产业的发展。

2. "极化—涓滴效应"理论效应

（1）极化效应的产生是由于发达区域高工资、高利润、高效率及完善的生产和投资环境，不断吸引落后区域的资本、技术和人才，从而使其经济趋于萎缩，区域间经济发展差距日益扩大。

（2）涓滴效应（又称作"淋下效应""渗透效应"）的产生，则主要通过发达区域对落后区域的购买力或投资增加以及落后区域向发达区域移民而提高落后区域边际劳动生产率和人均消费水平，缩小了其间的差距。

在投资资源有限的情况下，经济发展应当实行不平衡增长战略。即首先集中资本投资于直接生产性活动部门，获得投资收益，增加产出和收入，待直接生产性部门发展到相当水平后，再利用一部分收入投资于基础部门，推动其增长，并应利用联系效应，选择具有显著前向联系效应和后向联系效应的产业，联系效应最大的产业就是产品需求收入弹性和价格弹性最大的产业，在发展中国家通常为进口替代产业。

涓滴效应与极化效应相比，涓滴效应将会占据优势，当经由涓滴效应和极化效应显示的市场力量导致极化效应占暂时优势时，可通过国家干预政策（公共投资的区域分配政策）有效地矫正此种情势。

（二）区域经济的循环累积因果理论

生产要素在地区、部门之间的自由流动，使得工资、利润由劳动、资本的供求运动自动趋于均衡。市场机制的自发调节可以实现资源的最优配置，达到经济均衡发展的目标。社会经济和各种影响因素之间的关系，不可能是均衡或趋于均衡的，而是处于循环之中，并最终使得经济增长呈累积上升或下降之势。例如，发展中国家贫穷大众收入的增加→营养状况改善→提高劳动生产率→他们的收入增加；反之，低收入阶层健康状况的恶化→降低其劳动生产率→减少工资收入→降低生活水平→健康状况的进一步恶化。缪尔达尔在其循环累积因果论中，强调了三个环节，即初始变化、二次强化、最终的上升和下降过程。

1.扩散效应与回流效应

经济发展通过两种方式来实现，一是"扩散效应"；二是"回流效应"。

（1）扩散效应。扩散效应是把扩张动力从经济扩张中心扩散到其他地区，即当经济发展到一定水平时，劳动力、资本和技术等生产要素出现一定程度地从发达地区向落后地区流动的一种现象。当具有初始优势的地区发展到一定程度以后，会出现人口过度集中、交通拥挤、污染严重等城市病现象，这时扩散效应便出现了，人口、资本、技术等向周围扩散。所有位于扩散中心的周围地区都会从不断增长的产品销售中获益，而且被刺激促进该部门的技术进步。但是回流效应和扩散效应会互相抵消，当一个国家达到高发展水平而扩散效应很强时，回流效应将失去它的作用。不发达国家平均发展水平低的部分祸因，是该国的扩散效应太弱。

（2）回流效应。回流效应是指劳动力、资本、技术等受生产要素收益差距的影响，由经济落后地区向经济发达地区流动。经济活动正在扩张的地点和地区，将会从其他地区吸引净人口流入。资本运动也具有倾向于增加地区间不平等的类似效果。在经济扩张中心，需求的增加将会刺激投资，促使收入和需求增加，从而引发第二轮投资。贸易活动也基本上偏向于富裕地区和进步地区，而不是其他地区。回流效应使得经济发展中落后地区始终处于被动地位，并且阻碍着区域经济的发展，导致区域差距扩大化。因此，一个区域的持续经济增长，是以牺牲其他区域的利益为代价的。

2. 循环累积因果理论要点

循环累积因果理论运用于区域经济发展，指出市场的力量通常是倾向于增加而不是减少区域间的差异。由于聚集经济效应，发达地区在市场机制作用下，会处于持续、累积的加速增长之中，同时产生扩散效应和回流效应。在区域经济增长过程中，由于市场机制的存在，扩散效应比回流效应要小得多。在扩散和回流这两种力量悬殊的运动过程中，发达地区的经济增长呈现出一种不断上升的景象，而欠发达地区的经济则出现不断下降的趋势，即发达地区因其发达而愈加发达，欠发达地区因其欠发达而愈加落后。

3. 循环累积因果理论对策

如果只听凭市场力量发挥作用，而不受任何政策干预的阻碍，那么工业生产、商业、银行、保险、航运，实际上几乎所有的经济活动，在一个发展中的经济中，都能获得大于平均利润的收益。此外，科学、艺术、文学、教育和一般更高的文化，所有这一切均云集在某些地点和地区，而使得该国的其他地区都或多或少地处于死水一潭的落后状态之中。循环累积因果的发展结果，将导致地理空间上的二元经济结构。逐渐扩大的地区间差距，不仅会阻碍落后地区的发展，而且还可能使整个经济增长放慢。

在经济发展初期，应采取非均衡发展战略，优先发展有较强增长势头的地区，以取得较好的投资效益和较快的增长速度。通过这类地区的扩散效应带动其他地区的发展。当经济发展到一定水平时，为了避免贫富差距的无限扩大，政府应制定一系列特殊政策来刺激落后地区的发展，以缩小地区差距。

（三）"倒 U 形"学说理论

1. "倒 U 形"学说理论研究思路

英国经济学家威廉姆森首先收集 1950 年 24 个国家的区域所得、人口资料，以计算各国的区域不平衡指标。他通过进行横断面分析的比较结果发现：经济发展较成熟的国家（如美国、英国、瑞典等），其区域间的不平衡程度较小，而中等收入国家（如巴西、哥伦比亚、西班牙）正处于经济起飞阶段，区域不平衡程度极大。其次，对 10 个国家进行时间序列分析，以揭示单个国家区域收入差异的变化趋势。从结果可以看出大多数已开发国家，其区域间不平衡程度多经历了递增、稳定、下降三个阶段。

2. "倒 U 形"学说理论主要观点

在一个国家内，当经济发展处于初期阶段时，区域增长是不平衡的，但区域经济差异一般不是很大；随着国家经济整体发展速度的加快，区域之间的经济差异就会随之扩大；当国家的经济发展达到一个相对高的水平时，区域之间的经济差异扩大趋势就会减缓，既停止；在经济发展的成熟阶段，区域之间的差异就会呈现缩小的趋势。从长期看，区域增长趋向均衡。地区经济差异与国家的经济发展水平变化，在形状上像倒写的"U"字，故称为"倒 U 形"理论。

总而言之，非均衡增长理论主要根据区域经济不平衡发展的客观规律，并针对均衡发展理论存在的问题，强调不发达地区不具备产业和地域全面增长的资金和其他资源（人才、技术、原材料等），理论上的均衡增长是不可能的。区域经济非均衡增长理论顺应了区域经济成长的一般规律，不同时期在生产力布局的决策上，要选择支配全局的少数发展条件较好的重点部门、重点地区或地带实行重点开发，逐步实现由不平衡到相对平衡的转变。区域经济成长从不平衡到相对平衡的演变过程是极化效应和扩散效应相互作用、相互转化的结果。在区域成长初期，极化效应较扩散效应显著，区域经济差距呈拉大趋势，这种不平衡表现在生产要素首先集中在少数地区（增长极）上，可以获得较好的效益和发展。在区域成长后期，扩散效应变得更为重要，聚集经济向周围扩散渗透，并导致区域经济差异的进一步缩小。

事实上，均衡发展理论与非均衡发展理论并不像表面上看来那样各执一端，互不相容，两者也有统一的一面，只是侧重点不同而已。均衡与非均衡是贯穿区域经济发展过程中的矛盾统一体，它们相互交替，不断推动区域系统从低层次向高层次演化。

八、区域经济可持续发展理论

可持续发展的定义是：既满足当代人的需要，又不对后代人满足其需要的能力构成危害的发展。可持续发展的核心思想是：健康的经济发展应建立在生态可持续能力增强、社会公正和人民积极参与自身发展决策的基础上。所追求的目标是既要使当代人的各种需要得到满足、个人得到充分发展，又要保护资源和生态环境，不对后代人的生存和发展构成威胁。

可持续发展的基本内涵应包括四个方面：第一，发展的内涵既包括经济发展，也包括社会发展和保持、建设良好的生态环境。经济发展和社会进步的持续性与维持良好的生态环境密切相连。经济发展应包含数量的增长和质量的提高两部分。数量的增长是有限度的，而依靠科学技术进步提高发展的经济、社会、生态效益才是可以持续的。第二，自然资源的永续利用是保障社会经济可持续发展的物质基础。可持续发展主要依赖可再生资源特别是生物资源的永续性。必须努力保护自然生态环境，维护地球的生命支持体系，保护生物的多样性。第三，自然生态环境是人类生存和社会经济发展的物质基础，可持续发展就是谋求实现社会经济与环境的协调发展和维持新的平衡。第四，控制人口增长与消除贫困，是与保护生态环境密切相关的重大问题。

可持续发展思想符合经济、社会、生态环境系统相互联系、相互作用和相互制约的内在关系和要求,是科学的、符合人类和自然界发展规律的新发展观。

区域经济可持续发展是指应用生态经济学的原理和方法,寻求区域经济发展与其环境之间的最适合关系,以实现区域经济与人口、资源、环境之间保持和谐、高效、优化、有序的发展。它的实质是在区域经济发展过程中要兼顾局部利益和全局利益、当前利益与长远利益,要充分考虑到区域自然资源的长期供给能力和生态环境的长期承受能力,在确保区域社会经济获得稳定增长、发展的同时,谋求区域人口增长得到有效的控制、自然资源得到合理开发利用、生态环境保持良性循环发展。可以说,区域可持续发展是区域经济发展的最高阶段。

(一)区域经济可持续发展系统的构成

"区域经济可持续发展系统的构成是十分复杂的,它包括人类社会本身以及与人类社会有关的各种基本要素、关系和行为。"[1]根据其基本特点,可以把区域经济可持续发展系统概括为人口、资源、环境、经济和社会五个子系统。

第一,人口系统。人口系统是区域可持续发展系统的主体。加强科技教育,控制人口数量,提高人口素质,是实现区域可持续发展的关键。

第二,资源系统。资源系统是区域可持续发展系统的物质基础。合理地开发和利用资源是经济可持续发展的前提。

第三,环境系统。环境系统是区域可持续发展系统的重要组成部分。环境保护是可持续发展的必要条件,环境质量的好坏是可持续发展与非可持续发展的重要区别。

第四,经济系统。经济系统是区域可持续发展系统的核心内容。区域可持续发展首先是经济发展,只有经济发展才是解决资源和环境问题的根本手段。

第五,社会系统。实现社会的可持续发展是区域可持续发展的最高目标。社会系统的质量是人口、资源、环境和经济子系统实现协调发展的关键。合理的政治体制、稳定的社会环境等因素是实现区域可持续发展的保证。

---

[1] 丁生喜. 区域经济学通论[M]. 北京:中国经济出版社,2018:79.

（二）区域经济可持续发展的识别标志

第一，区域人口数量。区域人口的出生率与死亡率应达到并保持基本的平衡。

第二，区域人均综合财富保持稳定并逐步增加。据世界银行报告，综合财富包括自然财富（土地资源、水资源、矿产资源、生物资源等）、生产财富（工矿设施、基础建设、固定资产等）、人力财富（教育水准、科技能力、管理水平等）、社会财富（社会有序、社会保障、组织能力等）。

第三，区域科技进步。区域科技进步的贡献率应当抵消或克服投资的边际效益递减率。

第四，区域资源要素。主要指标包括区域内森林的采伐率与营造率之间保持基本平衡、草原的牧养量与载畜能力保持基本一致、地下水的抽取量与补给量保持稳定的动态平衡、耗竭性资源开采量与探明储量间保持动态平衡。

第五，区域环境演化。主要指区域人类活动与环境的协调，识别指标有人为的温室气体的产生率与环境中的固定率在长时期内保持平衡，避免全球变暖现象加剧；环境污染源的物质排放量与环境自净能力基本平衡。

第六，区域社会管理。一是要在效率与公正之间寻找均衡点与结合点；二是要在环境与发展之间寻求某种积极的均衡，并设计定量监控指标。

第二节 经济全球化对我国区域经济发展的影响

随着世界分工日益密切，经济全球化成为当今各国经济发展中需要考虑的重点问题，如何提升在经济合作中的优势，促使经济获得发展变得尤为重要，因此，"需要分析目前经济全球化对中国经济发展带来的机遇和不利影响，并选择合理措施提高区域经济发展质量"[①]。

[①] 冯兴国. 经济全球化对中国区域经济发展的影响探析 [J]. 全国流通经济，2020（8）：101.

一、经济全球化的认知

（一）经济全球化的定义

在世界经济发展中，经济全球化对其发展具有深远影响，通过经济全球化能够实现全球生产要素的优化配置，推动世界经济的稳步发展。经济全球化给世界经济发展带来好处的同时，也容易引发一些不利影响，尤其对发展中国家而言，在经济全球化过程中会产生两方面影响：第一，经济全球化能够为发展中国家带来发展机遇，发展中国家在经济全球化过程中，能够汲取发达国家先进的经营、技术、管理水平，能够提高自身竞争力，实现自身的可持续发展；第二，经济全球化会对发展中国家带来挑战和威胁，发达国家的部分价值理念和经济发展会给发展中国家带来冲击，特别是发达国家企业竞争力较强，会对发展中国家行业发展产生冲击，制约产业发展。

经济全球化具体指经济活动超越国界限制，经济活动以对外贸易、资本流动和技术转移的方式，参与国际交流与合作。经济全球化会使各国经济在世界范围内形成有机整体，国家间的经济政策、外贸策略和金融管理方式对各国造成一定影响。经济全球化实际上是商品、技术、信息、服务以及劳动力、经验、资金等生产要素的跨国流动。经济全球化已经成为当代经济发展的主要特征，利用经济全球化概念对当前经济发展趋势进行概括，被业界学者所认可。

对经济全球化内涵的界定主要有以下方式：一是，较为常见的界定方式以经济国际化为主，即经济全球化以国际关系界定，亦即用经济全球化描述国际资本要素的跨边界流动。二是，以国家管理的视角界定，即经济全球化的概念可用来放宽国家经济交流中的壁垒和限制，例如放宽贸易壁垒、外汇管制等。

（二）经济全球化的起因和实质

分析经济全球化的起因和实质对了解经济全球化对中国区域经济发展的影响具有重要意义和价值。经济全球化的起因，从经济学角度分析，是国际经济环境不同，引发生产要素在国际的自由流动和配置，是各国、各区域之间经济融合发展而又相互影响的结果；从历史角度分析，经济全球化的起因是历史发展的必然结果，各国历史文化不同，会形成相互之间沟通与交流的意识和想法，并通过商品和服务形式体现。

经济全球化对各国的经济、文化和社会发展产生影响，但是，实质上经济全球化的主导方在发达国家和发达经济体，因此，经济全球化也是发达国家跨国企业在全球范围内的产业结构调整与升级的过程。综合考虑经济全球化的定义和起因，全球化给不同国家带来的影响有以下表现：第一，经济全球化使得国家之间的联系更加紧密，通过跨国公司，发达国家对部分国家和区域企业进行投资与运作，使得发达国家技术优势的影响力更加广泛，还会形成区域经济垄断，奠定在世界范围内经济主导地位；第二，经济全球化背景下，受到发达国家跨国企业的影响，劳动密集型产业向发展中国家人力成本较低的地区集聚，由此发挥比较成本优势，提升企业的生产效益和经济利益。

（三）经济全球化的基本内容

国际交流与合作中，经济全球化涵盖的内容较多，涉及较多的学科和领域。一般而言，经济全球化的基本内容主要包括以下方面：第一，由于跨国公司快速发展，带来的国际分工的深化，由此促使生产方式和技术出现全球化发展趋势；第二，技术创新和知识传播的全球化，使得跨国公司技术进步优势得到合理转化，形成对拟投资地区和企业的帮助能力；第三，贸易、资源和金融的自由化趋势，全球化背景下，国家间的贸易交流、资源交换更加频繁，金融市场的自由化趋势也更加明显。随着生产全球化以及相关方面消费观念的渗透，各国文化交流方式趋向一致，具体表现为市场经济规则出现全球化趋势。

二、经济全球化对我国区域经济发展的积极影响

（一）能够提高区域经济发展水平

经济全球化中，由于获得发达国家企业的技术支持，企业自身经营能力和市场

竞争力会得到明显提升，可促进区域经济增长，为我国利用外资和消化先进技术提供了前所未有的机遇。同时，经济全球化发展中，会带来先进的管理经验和管理技术，有利于区域经济发展水平提升。经济全球化是目前区域企业参与国际交流与合作的重要途径，企业人才、资本、知识和技术等方面因素，对区域内企业内部管理能力的提升具有明显的促进作用。在参与全球化竞争中，中国区域经济活动的参与者与管理者扮演重要角色，相关人员需要学习先进的管理经验和技术，注重结合中国区域经济发展实际情况，坚持管理能力创新，以此为中国经济全球化发展质量的提升贡献力量。

（二）能够增加区域公司的竞争力

区域经济发展中，企业和公司等市场主体对经济发展水平产生直接影响，在经济发展过程中，提高管理人员素质，充分利用和研究跨国企业优势，对改善目前区域公司竞争力具有积极有效作用。人才是企业核心竞争力，经济全球化发展中，跨国公司不仅带来了先进的技术和管理经验，也带来了较高素质的管理人员和人才队伍，为企业的发展注入活力，同时也是经济全球化中，增加区域内企业整体竞争能力的关键。在全球化发展中，人才与技术的发展与进步，为企业核心竞争能力的提升产生有益影响，相关研究人员应关注经济全球化发展优势。

（三）能够促进产业结构优化调整

经济全球化背景下，可促进我国经济发展质量，尤其是先进技术的投入，为企业发展贡献主要力量。我国区域经济本身发展不平衡，部分企业的管理技术和生产技术落后于行业平均水平，为促进产业结构的优化升级，需要引进国外先进的技术和经验，发挥经济全球化对我国区域经济发展的积极影响，为区域经济发展质量提升创造有利条件。鉴于目前我国经济发展中，存在的区域不平衡问题，相关部门需要有总体的规划目标，有计划、有组织地制定引进外资，促使我国区域经济发展实现科学化与均衡化的目标，为区域产业结构升级提供技术支持。

三、经济全球化对我国区域经济发展的消极影响

（一）影响区域经济均衡发展

经济全球化背景中，国外经济实体加强对国内投资，采取股权投资、并购等多种方式参与国内上市公司或其他公司的生产与管理工作，尤其是行业领先企业的投资行为，会增加地区经济发展的不平衡性。在实践中，资本具有逐利效应，资金和先进技术作为资本主要形式会流向资本盈利水平较高地区，由此影响中国区域经济的均衡发展。经济全球化过程中，发展中国家会接受来自发达国家低层次产业转移，以此发挥发展中国家劳动力资源优势，降低企业经营成本。而在此过程中，发展中国家区域经济结构会受到影响，垂直分工效应明显，对区域经济发展带来不利影响。

我国经济在经历改革开放后，获得了发展的生机与活力，经济实力整体上获得显著提升，由于地区资源禀赋条件不同，导致区域经济发展出现不平衡，因此，目前我国以推动区域经济协调稳定发展为重要工作目标，受到经济全球化影响，尤其是国际先进企业和公司对发达地区投资程度提高，导致地区经济发展差距进一步加大。

（二）造成地区金融市场混乱

经济与金融具有紧密联系，在经济全球化背景下，金融市场的全球化趋势也更加明显。国际经济发展中，对我国区域经济发展带来不利影响，地区金融市场环境秩序也会出现一定的混乱，尤其是针对部分西方国家对自身货币进行恶意贬值的行为。短期来看，货币贬值会增加一个国家的出口量，有利于我国经济的对外发展与扩张，实现资本积累，获得财富。长期来看，由于经济全球化，各国经济形成一个有机整体，恶意市场竞争会影响正常的金融市场秩序，发展中国家区域经济发展会受到发达国家经济周期的不良影响。

在实践中，区域经济发展受金融市场影响深远，金融市场秩序失衡会影响区域经济实体的融资行为，不利于企业获得发展机遇。经济全球化是一把双刃剑，不仅增加

我国区域经济的发展水平，为区域经济发展拓宽途径，也对区域经济实体即企业和公司造成不利影响。相关部门应具备全球化眼光，善于利用先进的技术手段和科学的管理措施，提升区域经济发展水平，降低全球化对区域经济发展的不利影响。

（三）降低地区经济的自主权

地区经济的自主权对促进经济发展、提升发展质量产生积极作用。全球化背景下，部分地区企业或公司由于决策管理人员的变更，企业实际控制权发生转移，导致其经济自主性严重不足，影响经济政策落实有效性。在经济全球化发展中，部分企业为获得跨国公司带来的好处，对经济管理权上做出让步，使得地区经济发展受到跨国企业的限制。

此外，在区域经济发展中，部分企业依托地区优势的自然条件，使得企业出现聚集效应，这种效应在经济全球化背景下被进一步放大。通过跨国公司对区域企业的投资，使得地区经济发展的不平衡问题加剧，部分企业的发展会脱离企业集群，破坏现有的区域经济发展结构。同时，也使得企业独立的经营决策权受到影响，且参与全球化竞争的企业会受到国际条件、协定以及惯例影响，企业经营的自主性降低。

所以，为获得经济全球化发展中的市场竞争优势，政府部门应改善区域投资环境，致力于激发社会资本投资的积极性，激发市场活力，为合理利用外商投资创造便利条件。同时，需要利用财政政策与货币政策，优化企业发展环境，善于利用外资进行企业内部管理与经营模式的升级与完善，获得市场经济中的发展优势，保证经济全球化背景下中国区域经济获得转型发展机遇。

总而言之，经济全球化背景下，为实现中国区域经济协调稳定发展，需要明确全球化发展趋势的有利影响和不利影响，并根据中国经济发展的现状问题，结合区域经济发展特点，开发符合中国经济发展的特色。同时，针对全球化影响的深入研究，也可为目前中国区域经济转型发展提供有力保障。

---

① 韩杰. 经济全球化与区域经济一体化的关系 [J]. 现代营销（下旬刊），2020（6）：11.

第三节 经济全球化与区域经济一体化的关系

"经济全球化主要是指经济在世界范围内实现一体化，通过统一的经济制度、规范、条例来构建一个统一、标准化的经济体系，以满足世界经济的协同发展"[1]，这是一种较高层面的经济发展模式，其本质是实现世界范围内市场资源的优化配置，运用世界市场经济体系来满足全球经济一体化发展。

区域经济主要是从地理层面做出的解释，是地理位置相邻的地区或者国家之间形成的区域关系，并以此构建起来的区域经济体系，通过区域之间的协作来实现区域经济内部资源的优化配置，实现区域利益的最大化。在区域经济发展中，主要运用制度、约定、条约等方式来构建统一、规范的经济体制，并共同遵守经济条约，实现区域协同发展。如果将全球市场看作一个整体，区域经济就是个体，而且是整体的重要构成内容，区域经济与全球经济之间就属于部分与整体的关系。区域经济主要利用区域优势，实现区域之间经济、文化、政治之间的合作交流，从而促进区域内部资源之间的优化配置，提升区域在全球经济当中的竞争力。

一、经济全球化与区域经济一体化的差异性

（一）差异性产生的原因

经济全球化形成条件主要包括：①科技发展为经济全球化提供了技术保障；②经济体系在世界范围内的扩大和发展为经济全球化提供了基础条件；③资本主义国家经济体系的快速发展为经济全球化发展提供了制度保障。区域经济一体化形成因素主要包括：①社会生产力发展为区域经济奠定了基础；②在经济、政治、民族利益的驱动下，区域之间进行合作交流；③为了有效应对国际收支问题；④为了应对世界经济一体化趋势下的外部压力，通过区域经济合作维护自身利益。

（二）差异性形成的主体

在经济全球化形成过程中，市场机制发挥着主导作用，简而言之，经济全球化是市场机制化的产物，顺应市场经济发展需求；区域经济的主导主体是国家，由国家之间通过彼此之间的协作交流而形成的。对于经济全球化而言，其本质是市场全球化，主要利用市场来对全球资源进行优化配置，来实现全球经济的可持续发展。经济全球化不受政治因素影响，以市场体制为主，在全球化过程中，经济是全球化的动力源泉，通过市场来实现全球范围内资源的优化配置，通过经济来实现各国之间的贸易往来，在经济全球化作用下，能够加强国际密切合作，提高国际依存度，实现全球经济一体化发展。区域经济一体化的形成主体是国家，主要是国家在发展过程中为了谋取自身利益，而与邻近国家或区域之间进行了政治联盟，通过政治来推动经济、文化等方面的发展，实现区域经济的协调发展。

二、经济全球化与区域经济一体化的关联性

区域经济属于全球经济的一部分，可将两者看作是整体和部分之间的关系。区域经济发展能够为全球经济发展提供重要保障，经济全球化可以为区域经济发展提供良好的外部环境，实现区域经济的可持续发展。

（一）经济全球化的重要构成因素是区域经济一体化

经济全球化是针对全球经济而言的，面向所有国家，通过市场作用来实现全球资源在国家之间的优化配置。区域经济一体化的构建能够为经济全球化提供保障，不仅是经济全球化发展的基础和保障，而且在区域经济作用下，加强国家之间的合作交流，为经济全球化发展奠定了坚实基础。区域经济属于个体，而经济全球化属于整体，当个体不断积累，达到一定数量的时候，就会引起质变，从而形成经济全球化；经济全球化作为一个整体，能够为区域经济发展提供良好外部环境，能够满足各国在发展中的需求，实现国家之间资源的优化配置。此外，区域经济规模相对较小，在合

作方面更为灵活、自由，能够更好地满足区域经济发展，实现区域经济利益的最大化，所以，多数国家积极推进区域经济发展。在区域经济快速发展的同时，为经济全球化营造了良好的环境，也加强国家与世界经济之间的密切融合。

（二）经济全球化的推动力是区域经济一体化

在科学技术推动下，各国经济呈现快速发展，不同区域之间也构建了相对应的制度体系，实现区域经济的协同发展。现如今，出现了不同的区域经济主体，如欧盟共同体、东盟等。在区域经济发展中，我国在近年来也加强区域一体化发展，尤其是利用"一带一路"带动沿线经济的发展，这从一定层面来看属于区域经济，而这种发展模式推动了经济全球化的快速发展。"一带一路"倡议，不仅加强我国与沿线国家之间的合作交流，且为世界经济一体化发展提供了坚实保障。通过这种策略，提升了我国在世界的地位，同时，也让沿线国家在合作当中获得利益。此外，在区域经济发展中，通过联盟机制的构建，为世界经济机制构建提供了基础保障。且在区域经济发展中，国家、区域、地区之间的差异性会不断缩减，会加强国与国之间的互补。在区域经济快速发展过程中，就会构建更大的区域合作模式，最终形成统一的世界经济合作模式，让世界经济更加开放、自由。

（三）经济全球化满足区域经济一体化的发展

经济全球化是一种经济发展形态，是区域经济发展的主要动力，在经济全球化模式下，各国之间能够遵循统一的国际规则和经济制度，在经济合作交流方面更加便利，突破了原有交流的局限性，形成更加高效的合作模式。同时，在经济全球化影响下，区域经济主体国家也会对区域经济合作进行重新定位，扩大区域开放性，让区域与国家之间形成有效衔接，更好地为区域利益的实现创造条件，在实现区域发展的同时，营造一个良好的全球化经济环境。在经济全球化的作用下，各国之间自由贸易日趋加深，对于区域经济而言，区域经济一体化国家为了实现区域化发展，会进一步完善区域内部机制，提高区域合作，以提高区域在经济全球化背景下的竞争力，利用区域优势来实现区域利益最大化。

总而言之，在世界经济发展中，区域经济一体化与经济全球化是经济发展的必然形态和趋势，无论是哪种发展模式，国家、区域是经济发展的主体，两者都是以经济发展为根本目的。尤其在世界经济一体化潮流中，国与国之间的关系日益密切，为了有效应对国际风险，防范金融危机，必须实现两者的有效结合，构建更为高效的合作模式，避免国际冲突，提高国际合作。

第四节　区域经济产业转型升级的创新路径探索

在现代社会中，"区域经济的发展与社会上各个行业的经济建设有着很大的关联"[①]。在这样的发展情况下，加强传统产业对区域经济发展的支撑作用，增强新兴产业对区域经济发展的引领作用，满足区域经济稳定发展的必然性要求，将工作重点放在产业转型升级上面，积极探索产业转型升级的新型路径，结合产业的现有基础与资源，将产业的发展长处扩大化，致力于发展产业的新经济动态、培育企业发展的新动能、激发企业发展的新动力等，可以使得产业的发展格局转变为多点支撑，促使产业的发展得到有力地推动。在经济新常态化的影响下，传统性的产业发展已经不适合产业的长远发展，因此，为产业的发展谋求转型升级的创新路径，已经成为一种必然性的举措。

一、区域经济产业转型升级创新的重要性

对于区域经济的产业转型升级创新而言，不仅是促进社会经济转型的首要条件，也能使区域经济的整体发展得到推动，同时，也是产业长远发展的关键性内容。就我国现在的经济环境来看，宏观环境与金融危机、经济危机等处于随时变动的状态，在

---

① 谷磊. 区域经济产业转型升级的创新路径研究［J］. 商场现代化，2022（12）：121.

这样的趋势下，加大对产业转型升级的关注已经成为一个必然要素。在开展产业转型升级的时候，需要秉持科学发展的理念意识，结合产业转型升级创新的具体情况与需求情况，采用一些创新性的发展方式，促使产业转型升级创新的目标能够早日实现。

在经济全球化发展的背景下，传统的产业结构与管理方式存在很大的缺陷，像粗放型的管理模式会对产业的持续发展产生一些不良的影响。在这种情况下，区域经济产业转型升级创新的步伐就需要加快，通过正确、合理、恰当的转型升级创新路径选择，不仅能够加快产业转型升级创新的速度，也能防止产业在转型升级创新的过程中，出现资源浪费或者是投资失误的现象。在未来的产业转型升级创新过程中，需要将更大的关注放在产业国际市场中的发展地位上面，在这个关注点的基础上，可以使产业转型升级创新的发展路径得到优化改进，同时对于产业发展过程中资源的合理化配置、能源的低能低耗都是有着一定的帮助与促进作用的。就现在的发展形势来看，这种产业转型升级创新的路径符合社会发展的主攻方向。综合整体情况而言，现在社会上的产业发展基本上都面临着能源紧缺、技术落伍、人才缺乏等问题，这些问题严重地制约着产业的发展与前进。在进行产业转型升级创新的时候，人才资源建设、企业发展定位、企业发展转型等都属于较为关键性的要点，可以结合这些内容，为产业的转型升级创新提供新的方向与路线，促使区域经济的发展能够得到推动与提升。

二、区域经济产业转型升级创新的有利条件

（一）地理位置支持的有利条件

在区域经济产业转型升级的过程中，产业所在的地理位置有着一定的影响，不仅能为产业的转型提供天然的方便，也能使产业的发展得到很大程度的推动。例如，郑州的产业转型升级，郑州地处我国的中原地带，属于陇海经济带与京广经济带的交会点，因此，郑州在产业发展的过程中，能够为产业吸引到较为丰富密集的人流量、资金量、物流量等，促使产业的发展具有强有力的支撑。在地理位置的支持下，产业的转型与升级可以带有较强的当地特色，促使产业自身能够发展出自己的特点。

（二）创新优势支持的有利条件

在进行区域经济产业转型升级创新的时候，创新属于一个较为特殊的因素，不仅能够为产业的转型提供新的方向与前景，也能使产业的发展更加具有特色，进而使得产业的转型与升级得到推动。在现在的社会发展中，网络技术、信息技术逐渐覆盖了人们的日常生活，在这样的情况下，产业在转型的时候，就可以充分地借助这些新型技术，使产业的发展能够趋向于电子商务化。在创新优势的支持下，能够在一定程度上确保产业的成功转型，同时对于产业的升级与发展也能起到一定的促进作用。

三、区域经济产业转型升级创新的有效路径

在进行区域经济产业转型升级的时候，需要将创新发展的路径落实到位，确保创新性的路径能够以区域经济的发展为基石，进而使得创新路径具有一定的实用性、效用性。

（一）需要明确产业的具体发展方向

随着区域经济的不断发展，社会上会出现土地资源紧缺的情况，这个时候就需要将服务业作为区域经济发展的主要途径，通过第三产业的调整，使区域经济能够得到新的发展空间与发展契机。在正常情况下，第二产业属于城市建设发展过程中的关键性产业，能够为城市的发展提供一定的动力。在城市经济建设的过程中，区域经济的发展会逐渐地倾向于第三产业，因此，需要在发展的过程中将第三产业的发展地位明确出来，促使产业的升级能够早日实现。对于一些工业化的企业而言，需要在自身企业发展的过程中形成自己的产业发展规划，结合自身产业的具体情况，建立出相对应的服务型部门。例如，地方政府可以与当地的企业进行合作，鼓励企业将发展的重点放在产品的售后服务、产品的设计开发等业务上面，使这些企业的发展能够更倾向于科学化。

（二）需要加强产业的人才培养关注

在进行产业转型升级的时候，人才具有较为重要的作用，不仅能够引领产业的发

展走向，也能对产业的具体发展起到很大的影响。在当今社会发展中，企业之间的竞争已经逐渐演变成了人才之间的竞争，企业的领导人员需要正确地认识到人才的重要性，在发展的过程中，坚持人才为主的原则，确保在产业升级的过程中，人才建设的地位能够得到明显的突出与重视。对于人才的培养，企业可以通过与一些科研机构、高等院校等合作，促使企业的内部人才能够以"产业链"的形式构建起来，保证企业在生产运行的过程中具有源源不断的人才输入，这样不仅能够为产业的转型升级提供人才上的动力支持，也能在一定程度上加强企业新技术、新产品研发，进而使得企业内部的整体资源利用情况得到优化。

（三）需要强化产业的创新发展路径

当今社会已经进入了互联网发展的时代，在这样的发展背景下，想要将行业的发展进行优化，就需要在行业的内部进行整顿，将发展过程中存在的资源浪费现象及时解决，促使企业能够在发展的过程中提升自己的经营效益。例如，在进行人力资源优化的时候，就需要将优化的重点放在劳务人员与用户之间，在这两者之间信息对称的基础上，可以很大程度上满足市场对人力资源的具体要求与需求。现在社会上的一些人力资源公司正处于转型升级的关键时期，这些公司大部分都是采用O2O的模式进行转型，主要是根据系统平台上收集到的市场信息，调整自己公司的发展方向与战略目标，这是一种较为有效的行业转型升级方法。通过O2O模式的推行，不仅能将企业产品的销售与服务结合在一起，也能使企业内部的人力资源服务水平得到提升，促使企业的管理效率、服务质量都得到加强。

（四）需要调整产业的整体管理模式

在当今社会经济发展过程中，新经济建设模式的出现为一些企业带来了较大的挑战，在这样的形势下，为实现企业的发展目标，就需要及时带领企业从原先的粗放型管理方式，向着集约型管理方式的方向发展与转型，在企业内部建立起新的管理体系，促使企业在发展过程中的成本控制与运营情况都能够得到保证与强化。对于之前的民营企业发展而言，受到家族管理的制约，使得企业的规模不能持续性地扩大，也就成为制约企业转型升级的关键性要素。在进行产业转型升级的时候，需要将一些先进性的管理理念结合在管理的实践操作中，促使企业的管理能够形成一定的集约性，在管理的过程中，能够以市场的发展情况为导向，将企业管理的创新性体现出来，然后将产学研充分地结合在一起，促使企业的管理体系能够更加高效。在这种新型管理模式的作用下，不仅能够为企业的发展探寻到转型升级的有效路径，也能使企业的运营效益情况得到优化提升。

（五）需要加快产业的工业转型升级

在现在的社会发展中，工业性质的产业比重较大，对于这些产业的转型升级，就需要加强产业工业化与信息化的结合，这样既可以使工业化的发展得到推动，也能在一定程度上增强工业产业的信息化发展。在进行工业转型升级的时候，主要是通过增强产业的创新能力、增强产业的技术投入、增强产业与科研机构的合作等方式，促使产业的发展转型能够具有源源不断的人才支撑与鲜活动力。在推进产业转型升级的过程中，需要将产业生产与转型的动力齐头并进，将工业性质的产业集聚区整合起来，促使工业性质的产业规模得以扩增。同时，也要加大对汽车制造行业、电子信息行业等发展方向的战略支撑，促使传统性质的工业产业能够得到全新的转型与升级。通过工业的转型升级，不仅使工业的发展得到了大力推动，也使得工业发展过程中的资源能够得到有效的利用。

（六）需要推进产业的现代化服务业

服务业的发展程度是衡量经济社会现代化水平的重要标志，同时也是现代化产业结构体系的关键性内容。在进行社会发展的时候，需要将服务业的发展放在第一位，在服务业发展的基础上进行周边产业的延伸，促使多个产业能够得到发展与扩大。在开展现代化服务业发展的时候，需要将发展当地的地区优势结合起来，像一些地区就比较适合发展旅游业，一些地区就比较适合发展物流业，通过这些发展优势的结合，可以使得服务业的发展得到大力的推进。在服务业发展的过程中,不仅需要将当地的特色结合起来,也需要结合一些先进性的网络技术、物联网技术,开展一些基础设施的建设,这样可以在保证服务业顺利发展的过程中,提升服务业的具体影响力,进而促使服务业发展得更快。

(七)需要发展产业的都市现代农业

对于都市现代化农业的发展而言,创新农业发展的经营体制、构建新型的农业发展体系、培养农业发展的主要对象、培养农业发展的龙头企业等,这些措施不仅能够使现代化农业的发展得到推动,也可以使得现代化农业的发展具有一定的可持续性。在进行农业发展的过程中,加大对于农业发展的投入力度,可在一定程度上使得农业的发展趋向于现代化。在发展现代化农业的时候,可以围绕现代化的种植业、具有特色性质的农业、具有生态性质的农业、具有数字化性质的农业这四个方向进行,促使现代化农业可以在一些现代技术的支撑下得到推进,进而使得都市化的农业发展得以成功。

总而言之,在时代与社会发展的影响下,产业的转型与升级已经成为一种必然性的走向,通过产业的转型与升级,不仅能够使产业的发展空间得到扩增,也能在一定程度上促使产业的发展趋向于可持续性。对于区域经济产业转型升级创新的有效路径而言,主要是从以上七个方面进行分析:①明确产业的发展方向;②加强产业人才的培养与关注;③以创新为主推进产业的长远发展;④结合时代的发展调整产业的管理模式;⑤加快工业产业的转型与升级;⑥加强现代化服务业的发展;⑦加强对于现代化农业的发展。通过这七个方面的创新路径,可以在一定的程度上推进产业的转型与升级,同时对于产业的可持续发展与区域经济建设目标的实现,也有一定的促进作用。

第三章 全球化重塑背景下我国数字经济产业链创新

第一节 数字经济的诞生与发展

一、数字技术发展与数字经济诞生

（一）数字技术的兴起与发展

数字技术的出现是信息与通信技术的最新发展。一方面，数字技术的产生建立在通信技术与计算机技术的基础之上，依赖两者的紧密结合，是信息与通信技术的继承与发展；另一方面，数字技术自身具有精度高、容错性强、通用性好等特点，这些特征将它与传统信息与通信技术区分开来。数字技术是伴随着电子计算机技术发展而产生的一门新兴技术。最初，数字技术是指借助一定设备将信息包括图、文、声、像等，转化为电子计算机能识别的汇编语言后进行运算、加工、存储、传送、传播、还原的技术。后来伴随着互联网发展，数字技术所包含的内容更加宽泛且繁杂，如资源数字化、设备数字化、信息数字化等。当前，数字技术以大数据、物联网、人工智能、区块链、云计算等为代表。

数据是大数据的基础与组成元素，数据是对于客观事物的逻辑归纳，是信息的表现形式与载体。数据是一种以数字形式反映内容且内在连贯的符号系统，在计算机语言中以二进制为基础表现出来。数据有两个重要特征：一是它依赖载体而存在，即它只能依附于通信设备（包括服务器、终端和移动存储设备等），无上述载体，数据便无法存在；二是它通过应用代码或程序来显示信息，但信息的生成、传输和储存均要通过原始的物理数据来体现①。互联网技术发展打破了信息先于媒介存在的传统规律，个体网络行为数据通过网络可以产生同步信息，它是大数据产生的技术基础。

大数据是以容量大、类型多、存取速度快、应用价值高为主要特征的数据集合，正快速发展为对数量巨大、来源分散、格式多样的数据进行采集、存储和关联分析，从中发现新知识、创造新价值、提升新能力的新一代信息技术和服务业态。大数据不是大量数据的简单堆砌，它具有多维度，包括数量、速度、多样性等。其中数量是大数据的最基本维度，大数据依托庞大的数量使单个价值很低的数据产生巨大价值；速度是指数据生成的速度，也包括数据处理的速度，对数据及时快速的处理能最大化数据价值；多样性指数据种类的多样性和数据来源的多样性，多样性大的数据更能保证其客观性。狭义的大数据被视为挖掘分析数据的计算机技术，一种运用云计算、机器学习等计算机手段对用户在互联网上留存的信息进行收集、加工、再创造的计算机技术；广义的大数据则强调思维方式，强调使用大量多样且快速更新的数据来预测相应趋势，从而寻找各种现象之间相关性。现在人们对大数据的理解多局限在狭义的技术层面，而不是将其看作一种商品、一种服务、一个产业。

人工智能（AI）是计算机科学的一个重要分支领域，即以模仿人类智能的方式做出相关反应的技术，它是研究、开发用于模拟、延伸和扩展人的智能的理论、方法、技术及应用系统的一门新的技术科学。人工智能利用计算机来模拟人的某些思维过程和智能行为（如学习、推理、思考、规划等），制造类似于人脑智能的计算机，使计算机实现更高层次的应用。人工智能涉及计算机科学、哲学、逻辑学、心理学等自然科学与社会科学的分支学科，其范围已远远超出了计算机科学的范畴。

人工智能的发展经历过三次热潮：第一次是20世纪50年代后期至60年代，该时期特点是通过自然语言进行程序翻译，以实现搜索与推理的效果，机器定理证明、跳棋程序等重要成果诞生于这一时期；第二次热潮是20世纪80年代，人工智能从理论层面逐渐走向实践，其标志是产生了大量专家系统，并成功地应用于医疗、化学、地质等领域；第三次热潮是 21 世纪初至今，主要特征是基于大数据应用人工智能逐渐实现机器学习、主动学习与深度学习的能力。人工智能在经济发展中的作用日趋凸显，对劳动力市场冲击巨大，驱动"无人经济"发展，也正在推动传统产业升级换代。

区块链是分布式数据存储、点对点传输、共识机制、加密算法等计算机技术的一种新型应用模式。区块链技术的核心在于去中心化的形式，通过运用加密算法、时间戳、树形结构、共识机制和奖励机制，在节点无须信任的分布式网络中实现基于点到点交易，解决了目前中心化模式存在的可靠性差、安全性低、成本高、效率低等问题。虽然区块链最早仅是为运行比特币而诞生的衍生品，但它凭借独特优势迅速引起学界关注，有关区块链的研究与应用大量出现，区块链技术被认为是继公用计算机、微型计算机、互联网、移动社交后的第五次颠覆性计算范式，将引致人类生产生活的巨大变革。区块链的应用范围被划分成三个层次，分别为：区块链 1.0、2.0 和 3.0，即可编程货币、可编程金融、可编程社会。当区块链进入 3.0 层面时，其应用将不仅限于金融领域，区块链去中心化、集体维护的特性将融入社会生产生活各个领域，并实现区块链与物联网结合，最终彻底颠覆互联网的底层协议，真正构建一个智能化、可编程的社会。

云计算是分布式并行计算、公共计算、网络计算的一种方式，云计算可以包含两部分：一是互联网上的各种应用服务，这些应用服务一直被称作"软件即服务"；二是在数据中心提供这些应用服务的相关设施，即所谓的云。云计算给人们的工作、生活方式带来了巨大变革。在云环境下，通过虚拟化技术建立功能强大、可伸缩性强的数据和服务中心，为用户提供足够强的计算能力和足够大的存储空间。用户只要拥有一个互联网终端，就能摆脱时间与地点限制，通过对云的访问实现预期功能。因而，云计算的出现加速了需求从硬件到服务的转变。

从字面上理解，物联网就是万物相连的网络或事物的互联网化。物联网是具有标志、虚拟个性的物体对象所组成的网络，这些标志和个性等信息在智能空间使用智慧接口与用户、社会和环境进行通信。当物联网达到一定规模时，将实现人与物、物与物的交互反馈、实时沟通，从而改变人类生产和生活方式。

数字技术的发展与成熟是数字经济产生的前提与基础，数字技术商业化运用过程也是数字经济的发展过程，如制造领域、管理领域和流通领域的数字化等；数字技术所带来的信息革命增强了人类脑力；数字化工具、数字化生产、数字化产品的出现减小了信息流动阻力，提升了经济主体间的匹配效率。总而言之，数字技术是数字经济产生发展的前提基础，为经济发展提供了新动能。

（二）数据与数字经济的诞生

数字技术发展在数量、维度、传输速度、处理能力等方面提升了数据功能；数据作为一种全新要素投入经济活动产生价值，并反过来助推数字技术创新。数字技术与数据的交互作用使得经济形态发生质变，数字技术、数据成为经济活动的新要素，数字经济由此诞生。

数字技术发展与数据扩展呈现互相促进的同步特征，包括：一是通信技术革命使数据传输速度增加、传输质量提升、传输成本下降，特别是光纤通信和无线通信的发展应用，使得迅速便捷地传输大量即时数据成为可能。二是互联网技术的日趋成熟和广泛接入使数据的获取更加容易，由此产生的海量数据催生了大数据技术；同时，对如此大规模数据的储存和处理催生了云计算技术。三是电子计算机体积的微型化、运算能力的提高，一方面促进了个人计算机与互联网的普及，使获取数据的来源更加广泛、数据的种类更加多样化；另一方面，超级计算机所具有的强大算力为处理海量数据提供了技术基础。

数据作为一种全新的生产要素，使得经济活动发生了一系列变化，经济形态呈现出一系列新特征，从而成为数字经济的标志性特点。具体而言，数据可能从以下方面影响经济主体：

第一，数据所包含的信息能优化企业决策，促进生产，加速资源流转速度，提升资源配置效率。大量数据使企业对外围市场信息的可获得性大大提高，企业能根据这些信息进行更为精准的市场定位，创造更高效益。企业掌握的关于其他企业的供给方信息，能够使企业更好地进行错位竞争，更为迅速地了解其他企业的相关产品和技术信息，获得溢出效应。

第二，数据包含信息可以体现消费者个性化需求，既能刺激消费，又能促使生产者细化分工，提高行业进入壁垒。在传统经济模式中，产品的大规模生产，再加上消息传递的不及时性，导致消费者的选择单一，消费大众化。在大数据时代，信息的集聚，一方面，使得消费者的不同需求可以被精准识别，并通过细化分工得到响应，消费者从前因个性化需求得不到满足而被限制的需求量得到释放，从而刺激消费；另一方面，分工的细化会扩大产品种类，而产品种类的大规模增加会使行业内部的产品替代弹性相对上升，一种产品的价格小幅下降会对相关产品的需求产生较大的冲击，行业的自然壁垒上升。

第三，数据能增强政府宏观调控的能力，更好地发挥政府作用。经济能够持续增长的动力在于资源能不断流向效率更高的生产者，以产生最大的产出。当"看不见的手"不能或不完全能发挥作用时，就需要政府的主动干预，使资源以更合理的方式配置。在传统经济活动中，政府宏观调控的难点在于无法充分全面地获取市场信息，致使采取的调控举措与实际问题不尽相符，甚至适得其反。当数据作为一种要素参与到政府的宏观经济调控活动中时，一方面，大量的数据能帮助政府更加全面地了解市场信息；另一方面，对大量数据的针对性分析有助于更快更准确地发现当前经济体系运行中存在的问题。

总而言之，数字技术发展催生了大量数据，挖掘数据包含的信息价值产生了数字技术需求，两者交互作用催生了数字经济。数字技术、数据也成为数字经济的标志性要素。

二、数字经济的认知及运行体系

（一）数字经济时代的特点

1. 数据成为数字经济中最重要的生产要素

经济形态的每一次重大变革，都伴随着新生产要素的产生，如同劳动力、土地之于农业经济，资本和技术之于工业经济，数据成为数字经济中最关键的生产要素。随着移动互联网、物联网的发展，人与人、人与物、物与物之间实现交流互通，引发数据爆炸式增长。自20世纪90年代以来，人类绝大部分的新信息都以数字格式存储、传输和使用，人类的生产生活活动已经离不开数据的支撑，由网络所承载的数据、由数据所萃取的信息、由信息所升华的知识，正在成为企业经营决策的新驱动、商品服务贸易的新内容、社会全面治理的新手段，其带来了新的价值增值，这一过程被称作数据价值链。庞大的数据量和应用需求使"大数据"的概念应运而生，数据已然成为最重要的战略资产。

全球数据规模迅速扩张得益于数据储存成本的大幅度下降，过高的数据存储成本曾经是企业价值创造的重要障碍；近年来，随着云存储、闪存技术飞速发展，数据存储成本已经大幅降低。随着互联网、物联网、人工智能等新兴数字技术在各行各业中的不断渗透，企业对数据的即时存储产生了大量的需求，越来越强大的数据存储能力和不断下降的数据存储成本，帮助企业可以更好地应对数字经济对数据处理速度带来的挑战。

2. 数字技术创新进步成为经济发展主要动力

技术进步是经济增长的可持续动力，而数字技术进步则是当今经济社会发展的核心驱动力。大数据、云计算、物联网、机器学习等技术不断发展进步，推动产业效率不断提升，促进产品质量升级。另外，飞速发展的数字技术与制造、生物、能源领域深度融合，带动群体性突破，全面拓宽了人类认知和增长的空间，实现了产品种类的扩张。产品质量升级和产品种类扩张共同构成创新核心内容，促进经济可持续增长。

3. 数字信息基础设施成为最主要基础设施

在传统工业经济时代，一切经济活动都建立在以"铁公机"（铁路、公路、机场）为代表的物理基础设施上。进入数字经济时代，随着5G、AI等新技术发展，互联网、物联网、云计算等成为必不可少的信息基础设施。而作为数字信号传播媒介的信号基站，其数量的快速增长也体现出数字经济时代基础设施的快速转变。数字经济基础设施的概念变得越来越广泛，既包括互联网、物联网、云处理等信息基础设施，也包括传统的物理基础设施的数字化改造，例如，数字化的交通系统、嵌入传感器和监测装置的消防设施、配备无人机的农业灌溉系统等。这两类基础设施，在推动数字经济发展的过程中起了十分重要的作用，极大地推动了工业时代以"砖和水泥"为代表的基础设施向以"光和芯片"为代表的数字基础设施转变。

4. 线上线下一体化发展成为产业发展新方向

在数字经济时代，网络空间不断向实体空间扩展边界，传统行业也在不断向数字化靠拢，线上线下一体化发展成为新方向。一方面，互联网巨头不断在线下领域壮大实力，大规模向实体经济扩展。例如，京东创立了自主的京东物流业务，通过开放、智能的战略举措促进消费方式转变和社会供应链效率提升，将物流、商流、资金流和信息流有机结合，实现了与客户的互信共赢。阿里巴巴也通过与百联、日日顺等实体企业合作，共同打造了线上线下一体化的新零售体系。另一方面，传统企业也在积极地向线上领域进行探索发展，在数字时代寻找新的发展空间。中石油、中石化等大型国有企业先后建立自己的电商平台，极大地降低了采购成本，实现了供应链优化；沃尔沃公司近年来也不断加强对数字信息技术的研发投入，借助数字虚拟技术代替真实物理实验，取消了原型车测试，使新车的设计研发周期大幅下降，对市场需求的变化做出更灵敏的反应。

线上线下共同发展，融合了虚拟经济和实体经济的优势。传统的经济体系中，企业的价值创造和市场竞争都在实体空间中完成，很容易受到时间和空间的限制；而虚拟经济中，数字经济的发展创造了一个新的空间——赛博空间，这为市场竞争和价值创造开辟了新维度。越来越多的制造型企业在赛博空间中建立了虚拟生产线、虚拟车间，产品研发、设计、仿真、制造等活动全部在数字空间运行。在零售领域，线上线下融合提高了零售效率：线上交易摆脱时空限制，释放长尾需求；线下交易增强客户体验度，丰富客户感知。这种线上线下交互的新模式，满足了客户多样化的需求。

5. 数字经济实现多领域普惠化发展的局面

数字经济中"人人参与、共建共享"的特点实现了普惠科技、普惠金融和普惠贸易。在科技领域，由于云计算和物联网的快速发展，个人和企业可以在无须购买价格昂贵的软硬件产品和网络设备的情况下，获得其所需要的计算、存储、网络资源，降低了成本。在金融领域，以互联网信用为基础的信用评分模型，使不同个体可以获得准确的风险评估，进而匹配到差异化的金融产品和金融服务，极大地推动了普惠金融的发展。数字经济的发展也带来了普惠贸易的新局面，这意味着各类贸易主体都能从贸易中获得好处，贸易秩序也能得到改善。普惠贸易的优势包括：贸易流程更加便捷；贸易信息更加对称；消费者能够以更优惠的价格获得更高质量的产品。跨境电商行业近些年突飞猛进的发展，很好地说明了数字经济对普惠贸易的极大推动力。

（二）数字经济的基本特征

数字经济具有以下基本特征：

1.共享化特征

（1）共享时代要求数字资源的共享性。数字经济的发展方向应当是不断拓展数字信息资源，发展关于数字技术的集成、存储、分析以及交易业务，在共享时代下释放数字技术资源的新价值。

（2）共享时代需要数字技术与产业融合发展，以便创造出更多的商业发展模式。数字技术与产业融合成为数字经济的重要发展方向，通过产业融合，实现产业数字化、智能化，产业的边界逐渐模糊，最终形成产业开放化发展以及产业向价值网络的转型升级。

（3）共享时代要求数字经济发展具有强大的服务功能，由此才能带动对共享商业模式的更多需求。融合服务业与数字技术发展的服务型数字产业是共享时代数字经济发展的重要方向，也体现出数字经济在共享时代的应用性，以数字技术为基础的数字金融、智能支付、智慧物流、智慧健康、电子商务、数字信息服务等服务型产业将在共享时代迅速发展。

2.数字化特征

以二进制的形式来表示和处理信息，将包括文字、图片、视频、声音等在内的诸多信息转化为计算机能够读取、处理和传输的二进制代码。20世纪中叶计算机的发明标志着数字化的起步，这一时期主要的商业模式是芯片生产和制造、计算机生产和制造、操作系统开发、相关软件开发等，代表公司为 IBM、微软、英特尔。虽然如今大部分信息都能以数字化的形式表示，但数字化的进程仍远未结束，还有大量信息和设备游离在数字系统之外。

在共享时代，为促进数字经济发展，必须通过延伸共享经济领域，推动传统产业向数字化转型，从而利用数字技能推动共享经济与数字经济的深度融合创新。鼓励共享经济深度发展，拓宽应用领域，为与数字经济融合提供条件。伴随信息技术的发展尤其是"互联网+"的发展，共享经济模式成为创业首要选择，从餐饮住宿、金融借贷、交通出行、医疗保健到房屋租赁、科研实验、创意设计等，在更多领域与数字经济开展融合，从而促进共享经济和数字经济的双向发展。

3. 网络化特征

通过网络通信技术实现人与人、人与物、物与物之间的实时连接。21世纪60年代末，阿帕网的诞生标志着网络化的萌芽，20世纪90年代以后互联网的全球普及为数字经济发展构筑了至关重要的基础设施。除了互联网以外，物联网也在高速成长。全球移动通信系统协会（GSMA）最新报告预计，2020年全球170家运营商商用5G网络，用户数超过1.7亿。预计2025年，5G用户数将达到17.7亿（不含物联网）。

全球网络空间治理体系要想实现深度变革，离不开数字经济。以数字经济为驱动力，推动网络空间开放、合作、交流、共享，让互联网更好助力经济发展、社会进步、生活改善，做到发展共同推进、安全共同维护、治理共同参与、成果共同分享。

4. 商业化特征

数字经济将会对众多产业造成颠覆性影响，传统商业模式已不能满足需要，因此，未来必须重新构建商业模式。共享时代，数字资源的"共享价值"超过了"交换价值"、社会资本将会与金融资本处在同等重要的位置、合作共赢将会超越竞争、商品使用权将会超越所有权、可持续性替代消费主义，一系列的变化推动着新的商业模式的出现。

数字经济未来将会以大数据、云计算、互联网以及人工智能为线索，在传统商业模式基础上进行重新设计,构筑依靠数字产品横向延伸价值链和依靠数字技术纵向衍生产业链的基本商业模式,以及依靠数字技术来驱动的跨行业、跨区域商业模式。

5.智能化特征

人工智能研究在多个领域实现突破,数字经济进入以智能化为核心的发展阶段。目前其商业模式还主要集中在单一的弱人工智能应用上,包括语音识别、自动驾驶、机器人写稿、图像识别、医疗辅助等诸多领域,代表性公司有谷歌、百度、科大讯飞、阿里巴巴、苹果等。

未来,智能化技术发展将对数字经济发展产生质变效应,推动人类生产生活方式的新变革。利用共享时代的优势,加快传统企业的数字化转型,将是未来所有企业的核心战略。在共享时代利用个人、企业、政府甚至社会的闲置资源,依靠互联网、大数据、云计算等数字技能,推动传统企业向数字化转型发展。传统企业依靠"互联网+企业"的模式,应用数据化思维,建立连接内外资源、协作共享的机制,通过建立数字化的协同平台以及资源、财务、法务共享平台,实现互联互通,做到精细化管理,最终实现传统企业的智能化发展。

（三）数字经济的运行体系

与数字经济概念保持内在一致,数字经济运行体系大致可分为四个层次:①基础设施层,包括数字基础设施以及传统物理基础设施的数字化改造;②技术层,包括一系列应用在数字基础设施上的新兴数字技术;③产业及企业层,其中包括了工业、农业、服务业、公共服务业的数字化以及伴随数字时代应运而生的大量数字企业;④保障层,主要包括数字经济体系正常运行所需要的市场保障和法律保障。

1.数字经济的基础设施层

在传统的工业时代中,价值的产生与创造难以跨越时空限制,因此,必须依靠铁路、公路和机场等实体运输通道基础设施。数字经济时代,数据作为价值创造过程中最核心的要素,推动基础设施由"铁公机"转变为以"云网端"（云计算、互联网、物联网、智能终端）为代表的信息基础设施。

2.数字经济的技术层

近年来,伴随信息基础设施的日趋完善,一系列新的技术应运而生,这些新技术与不同产业相融合,形成了新的发展趋势。除人工智能、区块链、大数据、云计算外,还包括一些其他新兴数字技术。

(1)增强现实技术。增强现实技术(AR),是指利用摄像头和图像处理技术,将真实世界的信息与虚拟世界的信息进行无缝对接,从而在屏幕上实现虚拟世界与真实世界的互动。爱普生公司推出的增强现实眼镜 Moverio BT-300,就能够在使用者眼前呈现出其所遇见的各种信息,戴着这种眼镜走在国外的街上,即使不懂外语,也能轻松识别出路牌,其作用相当于一个即时翻译;在工业制造领域,AR 技术可以在生产线的关键步骤上,给工人提供更加详细的信息,从而最大限度减少错误,提高生产效率。这种实时交互性,极大地改变了人类生产生活方式,吸引着无数科技巨头投入资金和人才。

(2)生物识别技术。随着数字经济不断发展,数字世界万物互联的特性使得所有个体信息都被上传到云端,这意味着信息泄露风险和损失不断加大。生物识别技术是指利用人类生物特征进行身份识别认证,包括指纹识别、视网膜识别、面部识别等。生物识别技术的产生与应用不仅使得云端数据的存储与使用更加安全,在国家安全等领域也有重要应用。例如,一些国家签发具有生物识别特征的电子护照,并对外国公民实施生物识别签证,这些技术的应用不仅提高了签证的防伪性,还使海关、机场的跨境部门的工作效率得到提升。

3.数字经济的产业及企业层

为了顺应数字经济发展浪潮,各行各业都积极利用现有信息基础设施和新兴数字技术,进行数字化转型,工业、农业、服务业、公共服务行业都在数字化的过程中不断发展,为国民经济的发展增添了新的动力。

(1)工业数字化。传统工业以常规能源为动力,以机器技术为重要特征,而数字经济时代的工业体系正在经历一场大变革。例如,我国造船业在近年来饱受产能过剩问题困扰,自身成本过高、生产线落后等通病迫使大部分船厂濒临倒闭,在这种局面下,通过数字化转型打破僵局成为造船业的一条出路。江南造船厂自主研发的

TRIBON软件彻底实现了船舶设计由二维向三维的转变，实现了船舶全过程的开发设计，在整个制造过程中对信息流进行整合，提升了设计和制造的效率，缩短了交货周期，在造船业整体环境不佳的情况下开辟了新道路。

（2）农业数字化。随着人口数量持续增长，粮食供应问题成为全世界共同面对的重大问题之一。物联网技术帮助农民只须借助传感器就能对农田进行远程操作；农业领域的机器人帮助农民提升产量、降低成本，美国迪尔公司推出的喷洒和扫除机器人能有效地帮助农民减少90%的农药使用量；无人机技术的应用帮助农民对农作物进行实时监测。一系列数字技术的应用帮助农业迅速迈向数字化阶段。

（3）服务业数字化。服务业在数字经济时代仍然有着举足轻重的地位。近年来，金融服务业的数字化转型最为明显，手机银行、移动支付、智能投资顾问等新服务不断涌现。国信证券作为中国较大的证券公司之一，一直将数字化作为企业未来发展的重要战略，在数字经济飞速发展的过程中，国信证券的证券交易系统面临着来自各个方面的挑战，为了高效地应对高容量、高并发的业务要求，国信证券斥巨资选择了微软的SQL Server 2014对其交易系统做了全面升级改造，从而很好地满足了客户需求，降低了系统风险。

（4）公共服务行业数字化。公共服务行业涉及老百姓的衣食住行，随着经济发展水平不断提高，人们日常生活中对公共服务的需求也越发多样化。中国的公共服务机构正在成为数字化过程中的主角，目前各地政府都在积极推动"电子税务局"的发展，企业和个人通过互联网就能进行税款缴纳，极大便利了人们生活；智能交通系统的应用也有效提升了城市交通的运营能力，减少了交通事故率，避免了资源浪费。

（5）数字企业。在数字经济的整个运行体系中，依托数字基础设施建立并以数字技术作为核心竞争力的数字企业是其中最重要的部分。企业是市场经济活动的主要参与者，也是现代社会价值创造的主要载体。典型的数字企业包括阿里巴巴、京东等。

4. 数字经济的保障层

（1）市场保障。在任何经济体系中，市场作为"看不见的手"，在资源配置过程中都起着基础性作用，市场交易体系、竞争秩序等在数字经济时代面临着挑战。在数字经济时代，那些拥有行业内最强大数字技术实力的企业很容易实现对整个市场的垄断，破坏市场竞争秩序。数字经济时代的垄断问题可归因于如下方面：第一，网络效应越发显著。以 Facebook 公司为例，越来越多的人使用 Facebook，使 Facebook 越来越有价值，因此，Facebook 可以吸引更多资金对客户需求进行改进，从而可以吸引到更多的客户。第二，数字企业可以利用其数字化平台对用户数据进行分析，提升精准营销的能力，从而降低成本，将竞争对手挤出市场，更少的竞争对手意味着更多的客户、更多的数据，这也在内部形成了一个良性的循环。面对这样的趋势，市场该如何对垄断企业进行管理和控制成为急需解决的问题。

（2）法律保障。数字经济治理能力现代化是推进国家治理能力现代化的核心内容，也在建设网络强国、数字强国的过程中起到重要作用。法律保障内容包括政府监督、立法保障以及风险防护等，当市场机制失灵时，法律保障可以很好地发挥作用。例如，《中国银行保险监督管理委员会职能配置、内设机构和人员编制规定》的发布，加强了个人对个人（P2P）企业的监管，明确了相关的职责部门，从而有效避免了类似事件的再次发生。这说明数字经济时代法律保障、政府监管的必要性。

三、数字经济发展的对策与趋势

（一）数字经济发展的问题及对策

1. 数字经济发展面临的问题

数字经济发展过程中面临的问题包括以下方面：

（1）数字鸿沟与数据质量问题。数字鸿沟既包括基础设施接入层面的鸿沟，也包括数字素养层面的鸿沟。在接入层面，全球仍有大量的人群不能上网，各国也没有完全克服"数字鸿沟"[①]问题。在数字素养层面，各国普遍存在数字技能不足的情况。

---

① 数字鸿沟是指在全球数字化进程中，不同国家、地区、行业、企业、社区之间，由于对信息、网络技术的拥有程度、应用程度以及创新能力的差别而造成的信息落差及贫富进一步两极分化的趋势。

近年来,尽管我国网络普及率在不断提高,网民数量在不断增加,但城乡之间、东西部之间的数字鸿沟却在不断扩大。

数据质量也是一个重要问题。数据与人员、技术以及资本处于同等重要的地位,成为很多公司、国家的核心资产、战略性资产。所以,很多国家都在推动数据开放,并带动了很多企业发展。但是,很多公开数据存在标准不统一、影响使用效率的问题。世界银行在对低收入和中等收入国家的数据型企业进行调查的过程中发现,数据质量是第一大问题。数据质量的改善有赖于政府部门发布通用标准和程序,以提高数据的规范化程度,否则会在数据供给层面形成数字鸿沟。

(2)网络与信息安全问题。随着数字经济的发展,有关数字安全的威胁也日益增多,高危漏洞数量有增无减,网络关键基础设施面临危险,金融领域、能源行业成为重灾区。近年来,物联网的快速发展也带来了前所未有的网络安全挑战。物联网是兼软件和硬件于一体的,牵涉的零部件和关联部分较多,无法通过简单的升级、修改、置换等方式应对可能的安全问题,导致保障物联网安全的难度远大于互联网。尤其是许多智能设备的开发商都是小型创业公司,没有提供复杂安全功能的资源或经验。此外,威胁我国网络安全的事件数量也在显著增加,网络安全对抗进一步细化和升级,重大安全事件仍然频发,网络攻击技术也越发先进。除了假冒网站、分布式拒绝服务攻击等传统威胁数量在继续增加外,移动智能产品也成为网络违法的目标,网络安全形势更为严峻。

(3)就业结构性的变化问题。数字技术对就业结构和就业数量产生较大影响。数字技术对就业数量主要存在四种可能的影响,即创造新的就业机会、就业转变、就业国际化、就业减少,最终技术对就业总量的影响取决于上述影响的综合结果,同时技术对就业的影响又会波及相应的收入分配情况。国家内部不同行业、不同民众间数字能力、数字素养的差异,也会对其就业和收入分配产生不同的影响。总体而言,数字素养和数字技能水平较高的个人、企业更容易从数字经济发展中获益,显然只有财务状况较高的个人、企业才更有可能接受数字教育和培训,提高其数字化水平。所以,若只靠市场的力量,原有的贫富差距在数字化时代会进一步扩大。要改变这一局面,政府和社会需要做更多努力。

（4）经济理论与组织管理机制的适用问题。数字经济的发展对原来的经济理论和组织管理制度都提出了挑战。按照现有的国民经济核算方法，非市场性、非营利性活动都无法计入GDP，且GDP核算只关心消费发生额，不关心这些消费是否有效、是否造成了浪费。数字经济中的活动，如分享经济强调的资源分享、节约利用等理念与现有经济理论是不同的，很多分享行为是在买卖双方之间直接进行的，往往也无法被计入GDP统计中。

随着这种经济活动的增多，无法用传统的经济核算方法衡量数字经济、制定有针对性的政策。按照市场经济理论，在完全竞争的自由市场上，只要供需双方信息完全透明，就能达成最有利于消费者的均衡价格。但在数字经济条件下，利用公开信息和一定算法，却能实现"非串谋性"操纵，这意味着市场经济的基石——"信息完全性"不仅不能增进消费者权益，反而可能损害消费者权益。

数字经济某些活动还可能增加监管执法的难度，例如，通过编写定制算法，可以人为地让价格保持高位，从而操纵市场。一个追踪加油站汽油价格的软件能瞬间监测到某家加油站降价，并采取相应降价行为以避免顾客流失。所以，任何供应商都没有首先降价的动机，从而导致价格一直保持在高于合理价格的水平。但是，这种"非串谋性"操纵行为却很难被发现或起诉，这种行为被称为"数字时代的难题"。

从机构自身而言，数字技术的应用带来的数字化转型的进程必然伴随着组织管理的变革。随着数字技术逐步应用到各领域，数字化带来的组织管理变革就开启了。尤其是20世纪90年代以来，西方企业普遍开展了业务流程优化和组织再造业务，不断推动IT与运营技术（OT）融合。顺应这一趋势，斯坦福大学等知名学府的工商管理专业也开设了数据引发的商务智能、数字主导型决策以及数字化竞争等课程，为毕业生适应数字经济管理的需要做好准备。但是，组织和管理的变革是一个涉及多方面因素的系统工程，不是所有企业都能成功。

2. 数字经济发展的完善对策

数字经济发展所面临的问题、风险是数字经济推动经济社会转型过程中必然会遇到的，当转型完成后，这些挑战将逐渐减弱甚至消失，原有的经济社会理论、制度、模式逐渐被新的理论、制度、模式所取代，经济社会形态也将呈现新的面貌。在这个过程中，政府、企业和民众各方都要积极参与其中，发挥各自的作用。

（1）围绕数据的有效使用建立系统制度规范。数据是数字经济的核心资产，数据开发利用的各环节、各方面都应有相应的规定，如数据该归谁所有，数据标准是什么，数据如何交易、如何使用、如何管理，数据安全如何保护等，以便数据在更大范围、更高水平上被利用。因此，国家应从战略高度重视数据问题，逐步推动数据开放，并制定与数据相关的规章制度。同时，各部门、各企业也应制定各自的数据管理规范，共同提高数据开发利用水平。

（2）逐步完善数字经济法制建设。数字经济创新发展必然使得传统的法律制度、监管方式等难以完全适用。为此，一方面，要不断完善我国的法律体系，增强立法的时代性，如制定数字产权、数字知识产权、数字税收等法律，为数字经济发展提供必要的制度保障；另一方面，也要为数字经济创新留下必要的空间，不能由于监管过严而阻碍了创新。与此同时，人们要借助二十国集团（G20）、亚太经济合作组织（APEC）、金砖国家组织、上合组织等平台加强与国际组织、外国政府的交流合作，推动制定适应数字经济发展需要的国际贸易、投资、司法规则等，鼓励跨国数字经济健康发展。

（3）全面提高数字经济安全水平。数字经济涉及的领域、层面非常广泛，所以保障数字经济安全是一个难度很大的系统工程。从国际经验来看，发达国家这些年来已经发布了大量的安全战略、关键基础设施保护、个人信息保护、安全信息共享等方面的法律、政策和战略。从我国数字经济发展实际出发，应团结国内各方力量不断制定、完善数字经济安全制度，为数字经济发展保驾护航。

（4）及时进行组织管理变革。任何一个机构、一个行业的数字化转型必然需要相应的组织管理变革与之配套，优化业务和运营模型，调整组织架构，形成协同共享的业务系统，以便更灵活地应对用户需求。对我国政府而言，一方面，要结合简政放权，优化政府部门业务流程和组织结构，努力建设数字政府，推动我国电子政务建设由信息型、互动型向业务型、感知型的方向发展；另一方面，要逐步规范各行业的监管政策，打破地方保护主义壁垒，形成统一、畅通的全国大市场，为数字经济的健康发展创造条件。对企业而言，要积极应用两化融合管理体系等工具，实现信息技术应用与企业的组织、管理、流程等相匹配；对于教育机构和个人而言，要及时了解数字化转型过程中组织管理变革的相关知识、理念，并将其运用到具体工作中。

（5）全面提高全民数字素养。民众数字素养水平直接关系到一国的数字鸿沟情况及相应的结构性失业和贫富差距问题，更关系到一国整体的数字经济发展水平。为了提高全民的数字素养水平，一方面，政府要与各方合作，开展面向全民的数字素养教育，例如，针对失业人员等特定人群，可通过提供相应的数字素养培训和职业技能培训，协助其转岗就业；另一方面，要全面强化学校的数字素养教育，提高学生的数字能力，尤其是针对在校学生，可普遍开设网络和计算机课程，使数字素养成为年青一代的必备素质，并通过在大学举办竞赛、集训营、校企共建课程等方式培养数字技术高端人才。

（6）鼓励数字经济创新发展和相关理论。数字企业只有不断发展才能给更多民众创造工作机会，带动整体经济繁荣。数字技术日新月异，相应的商业模式、运营模式等变化也非常快，因此，要鼓励数字技术研发和数字企业创新创业，并根据数字经济的发展特点，为其创新发展提供制度、政策便利。与此同时，高校教师和科研人员要积极开展理论研究，探索解决与数字经济相关的基本经济理论、社会理论和道德、伦理、法律等问题，为整个经济社会的数字化转型提供理论指引。其中，某些基础性、操作性工作可在政府主导下及早进行。促进数字经济健康发展需要做的还有其他很多方面，例如，由基础设施导致的数字鸿沟问题还有赖于"宽带中国"战略和其他信息化战略的实施逐步解决；由数字经济发展导致的结构性失业问题也不仅是加强数字素养教育培训就能解决的。

总而言之，数字经济的健康发展是一个较大的社会工程，需要政府、企业、社会组织和民众各方共同努力、相互协作才能实现。在这一过程中，政府要着重为数字经济发展提供良好的制度环境、政策环境；行业组织要推动行业层面的解决方案、标准等的制定；社会组织要承担教育、培训民众的作用；企业要积极向数字化方向转型；个人要努力提高自身数字素养，提高参与数字活动的能力。

（二）数字经济发展的意义与趋势

1. 数字经济发展的意义

随着全球信息化步入全面渗透、跨界融合、加速创新、引领发展的新阶段，我国也借势深度布局、大力推动数字经济的发展，从而使其逐渐成为整体经济创新发展的强大引擎，并为全球经济复苏和优化发展提供借鉴和启发。数字经济是在计算机、互联网、通信技术等新一轮信息革命的基础上发展起来的，因此也被称为信息经济。对于正处在整体经济转型升级关键期的中国经济而言，发展数字经济显然具有重要的特殊意义，有利于推动新常态下我国经济发展和创新战略的落地。

（1）经济新常态需要发展新引擎。经过多年的高速增长，我国经济逐渐步入增速放缓、结构升级、动力转化的新常态阶段，整体发展环境、条件和诉求都发生了深刻改变。因此，如何认识、适应和引领新常态，打造经济发展新动能，便成为我国实现经济跨越式发展的根本议题，特别是要化解经济新常态下的风险，必然离不开发展引擎的转变。

（2）信息革命推动社会生产生活方式变革。当前信息革命为我国打造新动能、跨越曾经普遍困扰各国经济发展的困境提供了历史性机遇。从人类社会的发展历史来看，每一次产业革命都将实现社会生产力的提升：农业革命推动人类从采集捕猎转为种植畜养，增强了人们的生存能力，使社会从野蛮、蒙昧时代进入文明时代；工业革命推动家庭作坊式的手工生产形态走向规模化的机器大生产，极大地提升了人类社会的生产能力，改变了以往的物质匮乏状况。同样，以计算机、互联网、通信等先进技术为代表的信息革命推动了社会生产生活方式的数字化、网络化、信息化、智能化。数字化工具、数字化生产、数字化产品等数字经济形态快速崛起，为新常态下我国经济发展提供了新动能。

2. 数字经济发展的趋势

数字经济与共享经济的融合，推动了共享时代的发展。同时，共享时代也给数字经济发展提出了新的要求，使之有别于传统的发展模式，呈现出以下新的发展趋势：

（1）数字经济内涵外延将持续快速扩展。当前全球对数字资源重要性的认识、全球数字技术的创新发展等已非昔日可比，诞生出云计算、物联网、大数据、人工智能、虚拟现实等新技术、新应用和平台经济、共享经济等新模式、新业态。目前所说的数字经济，实际上是一种"新数字经济"。未来，随着技术的发展、模式的创新和认识的提升，数字经济的内涵将进一步创新。

（2）需求增长将鼓足数字经济发展动力。从消费层面看，我国正处于消费升级期，数字消费又是消费的重点。从产业层面看，我国正处于产业升级期，大数据正成为与土地、劳动等同等重要的生产要素，智能制造正在引发新一轮制造业变革，数字化、虚拟化、智能化技术将贯穿产品的全生命周期，云计算、大数据、物联网技术等将加快向传统行业渗透切入，产业升级需求将孕育更加广阔的市场空间。从创新层面看，数字经济将成为创新创业的重要领域，具有规模的智力资源、资金资源将涌入数字经济领域，为其发展注入持续动力。

（3）政策创新将优化数字经济发展环境。后金融危机时代，各个国家都在数字经济领域发力，试图加快经济转型，实现可持续发展。我国也在近两年持续推出了多个规划、指导意见，以加快推动大数据、互联网等数字经济领域的发展。未来，国家对数字经济的重视，将推动相关产业政策的创新，从而进一步优化数字经济的发展环境。

（4）数字经济发展将加速完善保障支撑。推动数字经济发展，须注重配套保障建设。在基础保障方面，将进一步推进宽带网络升级、提高互联网普及率、发展新型应用基础设施。在创新保障方面，将加快信息技术创新步伐，推动数字技术与各领域的协同创新，打造公共创新服务载体，优化创业创新孵化空间。在安全保障方面，将加快建设关键信息基础设施安全保障体系，增强网络空间安全防御能力，加强数据资源和用户信息安全防护。在统计保障方面，将探索建设适应数字经济特点的统计体系，使数字经济发展成果具体可见。

（5）数字红利共享机制建设将加速推进。要实现共享发展就要让数字经济发展的红利实现普惠性释放，为此需要推进打造相关机制，例如数字就业促进机制、数字技能提升机制、数字精准扶贫机制、数字政府强效机制等。

（6）数字经济与资本的关系将更加密切。信息技术、互联网、云计算、大数据等已成为资本市场瞩目的焦点。未来，随着数字经济的发展，它与资本的关系更加密切。一方面，资本市场的大力支持将推动数字经济的发展；另一方面，数字经济的发展将提升效率，对资本市场长远发展产生积极影响。

（7）数字经济将成为推动全球化的新平台。数字经济本身就是全球经济，能够扩大贸易空间，提高资本利用效率，在促进市场竞争的同时催生创新。未来，随着数字经济的发展，将给世界各国带来新的全球化平台，各国有望通过数字市场的不断开放，加速国内市场和国际市场相互融合，实现互利共赢。

第二节　数字经济与我国产业结构升级

"通过数字经济发展来推动产业结构升级已经成为我国经济发展的重要战略。数字经济发展可以为产业结构升级提供技术创新、产品创新、商业应用模式创新、产业融合创新及需求侧结构创新等支持"[1]。因此，可以从完善数字经济治理体系，加强平台反垄断，加大需求侧改革，加强数字技术人才培养，加快数字经济与三次产业融合等方面提升数字经济对产业结构升级的促进作用。数字经济作为数字技术下的一种经济新形态，已经成为推动我国经济社会发展的新动能。如今，大数据战略、数据要素市场建设和数字中国建设已经成为我国数字经济发展的基本内容，也是我国数字经济发展的重点方向。在推进产业结构转型升级中，需要推动数字的产业化和产业的数

---

[1]高京平，孙丽娜.数字经济发展促进我国产业结构升级的机理与路径[J].企业经济，2022，41（2）：17.

字化相结合、数字经济形态与实体经济模式相融合。

一、数字经济推动我国产业结构升级的表现

产业结构升级就是要提高产出效率和促进产业结构合理设置，以此实现产业结构的合理化和高级化。产业结构高级化是指产业结构从低级向高级发展，从低端向中高端迈进的过程，具体就是：一国的产业结构应由第一产业为主逐渐实现向第二产业和第三产业为主的转变，从高能耗、低效率产业向低能耗、高效率产业的转变，从低附加值产业向高附加值产业的转变，从劳动密集型产业向资本、技术密集型产业的转变。产业结构的合理化是指以现阶段的资源为基础，通过合理利用资源来提升生产要素的使用效率，以平衡好各产业部门关系的过程，主要是平衡产业部门的比例、技术创新与产业的协同度。通常产业结构的升级离不开技术的支撑，从微观层面看，产业结构升级就是通过技术进步来推动企业及生产工艺转型升级，进而提升企业生产效率；从宏观层面看，产业结构升级是通过资源在不同产业部门之间进行配置，推动经济发展方式从劳动密集型向知识和技术密集型转变，以实现创新驱动经济高质量发展的目标。数字经济是以数字技术为核心的经济新业态和新模式，能够为中国产业结构升级提供有力支撑。中国正在通过数字经济的发展来重新配置资源，重点打造新兴产业发展平台，以实现我国产业结构的合理化和高级化。

从宏观角度看，数字经济以大数据为引领，可以推动传统资源配置方式的变革；从中观角度看，以互联网平台为主导的数字产业组织形式可以改变传统的市场结构；从微观角度看，数字经济具有规模经济和范围经济的特质，能够在很大程度上颠覆传统市场主体的盈利模式。由此而言，数字经济的发展可以改变传统的市场结构、资源配置方式及经营模式，而这三个方面也是中国产业结构升级的主要着眼点。因此，在数字经济的推动下，大数据和人工智能等技术的更新迭代推动了市场主体在生产、经营和销售等各个环节技术结构的升级，同时也推动了产品和商业模式的创新。此外，数字技术的无边界属性可以拓宽产业融合的横向边界及延长纵向产业链，还可以推进需求侧的消费及投资变化。

（一）数字经济提供技术支持

在产业链的各个环节上，数字经济均能够为产业结构升级提供技术支持。首先，就生产环节而言，通过数字技术的嵌入能够最大限度促进资源利用率，提升生产效率和产品质量，从而使得生产环节从低附加值向高附加值转变，并最终实现产业链的智能化和数字化；其次，在经营和销售环节，数字技术的嵌入可以降低经营和销售成本，提升经营和销售效率。随着大数据、云计算和人工智能等技术的迭代升级，网络维护的成本进一步下降，能够在整体上降低经营、销售等环节的成本，提升产品的销售量。同时，应用数字化服务模式，可以减少无效的沟通，提升经营和销售的效率，特别是虚拟产品的销售，平台企业几乎没有存储和配送成本。随着平台商业模式的逐步完善，用户基数会不断扩大，供需匹配的效率会更高，从而使得平台经济能够不断提升运行效率并降低成本支出，以更好地实现产品销售。在这个过程中，通过数字技术的运用可以实现更高效的售后服务，生产者或经营者能够及时收集到消费者的信息反馈，相应地将这些反馈应用到产品质量改进上，从而促进产业结构升级，推动整个产业链向高端化迈进。

（二）数字经济实现多产业融合

数字技术的无边界和无障碍性可以推动技术与产业之间的关联，从而减少不同产业部门之间的信息不对称，使得原本不同的产业部门在数字技术的整合下实现融合发展。从根本上看，数字经济的发展能够降低整个产业链的搜寻和交易成本，拉近生产者和消费者的距离。传统经济发展模式下，多数产业部门是相互独立的，各自的边界较为明显，在数字经济的带动下，可以实现不同产业部门的融合，从而使得每个产业部门的产业链得以延伸。同时，数字经济下的平台体系作为必要设施或基础设施，一方面可以推动上游生产商、供应商和中游渠道商以及下游经销商等产业链主体的整合；另一方面能够以最大的公平性和公开性，保障各个产业部门在平台市场上进行平等竞争，在竞争过程中改善自身的产业结构。不同的产业部门在完善产业链过程中，也可以通过技术手段和平台支撑打通部门壁垒，如人工智能技术应用到农业和种植业，不仅可以提升农业产量，还能延长农业产业链。可见，数字经济的发展能够打通不同产业部门之间的壁垒，促进不同产业部门之间实现融合发展，从而构筑新型产业链体系，以实现产业结构的升级。数字经济发展本身就是将经济中的单线条模块向多线条模块辐射，从而模糊不同产业部门的边界，以实现各自之间的沟通与交流，实现全产业链的升级。

（三）数字经济推动产业创新

数字经济时代的创新，除了技术创新之外，最大的创新就是产品创新和商业应用模式创新。通过产品创新和商业应用模式创新来为传统产业赋能，拓宽价值创造的空间来助推产业结构升级。例如，在金融行业广泛应用大数据、云计算等技术进行风险控制，大大提升了金融机构的风险控制能力，拓宽了金融产品的服务范围。通过深度学习、计算机编程语言及图像识别技术，可以帮助人们拓宽研究领域，节省研发成本。从这个角度看，数字化技术本身具备一定的学习能力，将这些技术应用到产业结构升级过程中，可以提升产业结构升级的效率。此外，在商业应用模式创新方面，当前在数字经济的推动下，线上线下融合、网络新业态等商业模式不断涌现，为传统产品升级和价值创造提供了动力，也能够不断拓宽产品衍生空间，促进产业结构的跨行业融合和多元发展。

（四）数字经济丰富需求侧变化

在"双循环"新发展格局下，数字经济的快速发展不仅可以促进国内市场循环体系的形成，还能够推动需求侧消费需求和投资需求的变化，为产业结构升级提供支撑。首先，数字经济的发展可以改变消费者的行为方式：一方面，数字技术的嵌入可以更好地帮助经营者把握消费者的心理需求，通过售后服务及评价体系来影响消费者的行为习惯，如电子商务平台利用消费者的从众心理来促进需求结构发生改变；另一方面，立足大数据和云计算技术还能够帮助经营者判断消费者的消费习惯，从而开展一对一服务，以满足消费者个性化需求，创造出更多的消费需求。其次，数字经济发展会影响投资需求。数字技术的发展提升了投资的便利化和自由化水平，也提升了投资的安全性，扩大了投资领域。当实体经济和平台经济不断融合，投资的需求结构会发生较大变化，在这个过程中，数字经济通过提升资源匹配的效率来促进产业结构的升级。

二、数字经济推动我国产业结构升级的路径

（一）健全治理体系，保障产业结构的安全升级

在提升国家治理体系和治理能力现代化的进程中，加强数字经济治理体系建设是其内在要求。

第一，加强新平台诞生过程的合规审查。数字技术的发展能够提升新平台诞生的速度，为了提升数字经济运行效率，一方面可以简化数字平台新设或传统企业转型的行政审批事项；另一方面要加强合规审查和过程监管，增强平台新设或转型的安全性，确保不会对产业升级造成冲击。

第二，提升信息安全的治理能力。数据信息是数字经济发展的核心要素，数据泄露会对平台经济发展造成巨大损失，甚至破坏产业链的稳定。为了加强数字经济发展的安全性，可以考虑对中国数据平台企业的数据处理机构进行剥离，成立独立的第三方数据处理平台，提升其数据安全的控制能力。

第三，加强数字货币的监管力度。数字货币的出现丰富了数字经济的交易形式，但目前数字货币的运行框架和核心技术还有待加强，在运营投放、监管模式和技术选择等方面需要进一步探索，确保数字货币的运用能够为数字经济发展和产业结构升级提供便利的支持，从而为我国产业结构升级创造良好的外部环境。

（二）强化平台反垄断，保障产业的良性竞争

产业竞争的有效性是规范市场竞争秩序及保障产业结构升级的前提条件，垄断会降低整个行业创新的动力，对该行业的产业结构升级必然会造成负面影响。近年来，

中国不断加强数字经济领域的反垄断力度，平台反垄断框架日渐完善。为了保障产业竞争的有效，还应注意从两个方面入手：一是创新政策工具。传统经济模式下的市场势力测定指标难以在数字经济反垄断中运用，需要按照数字经济的竞争属性，基于成本和质量构造新的市场势力测定指标，进一步加强反垄断的认定与规制。二是注重反垄断规制与创新发展之间的平衡。在反垄断规制中要认真听取各方市场主体的诉求，妥善运用好宽大制度和救济措施，特别是在数字平台已经成为必要设施的情况下，开放网络及数据共享对下游弱势中小企业的有用性要远高于罚款机制。

（三）加大需求侧改革，保障产业结构升级多样化

在"双循环"新发展格局之下，应当从需求端寻求变化来助推产业结构升级。随着数字贸易、数字技术和数字共同市场的进一步发展和完善，数字消费将会更加多元化。为此，各地应加强数字技术实体与产业的融合，大力推动传统产业改造，从而扩大消费，一方面以数字技术的更新迭代来建立多样化的消费体系，进一步完善需求侧的消费结构；另一方面还应该鼓励消费形式的创新，在这个过程中应发挥电子商务和数字金融的积极作用，提升消费者的消费体验度，以消费来完善和延长产业链，提升产业形态的多样化，进而推进产业结构升级。

另外，数字经济发展所带来的个性化服务和定制服务模式，也可以成为定制消费和个性化消费形式的借鉴样本，从根本上带动国内消费的转型升级。数字经济的发展也需要多样化的投资形式，在传统投资方式的基础上，各地应利用好数字技术创新投资组合模式，加强实体投资和虚拟投资的融合，丰富需求侧投资形态，从而挖掘更多的产业发展潜力，提升产业形态发展的多样性以助推产业结构升级和优化。

（四）加强数字人才培养，保障人力资源高效支持

创新是产业发展的动力，也是产业结构升级的动力，数字经济时代，技术更新迭代不断加快，人才培养和使用是关键。

第一，构筑基础教育、职业教育和高等教育一体化的人才培养体系。通过在基础教育中培养学生的数字化意识，为与职业教育、高等教育之间的衔接打下基础，在高等教育和职业教育培养体系中，应创新培养机制和模式，通过产学研深度融合培养创新型人才和高素质产业工人。

第二，企业应加大现有人才的继续教育培训力度。特别是在传统产业与数字经济融合的过程中，企业应对现有人才进行数字经济培训，提升现有人才的数字经济管理能力和思维应用能力，从而促进传统产业的数字化转型。

第三，完善研发体制，加强高端人才培养力度。各级政府应出台相应的支持政策，为企业技术研发和创新提供资金、税收和补贴等方面的支持，鼓励企业完善研发体制，加大对高端人才培养力度。同时，还应进一步完善国际合作体系，在全球范围内引进高技术人才，不断完善法律法规及创新激励机制，为留住人才构筑良好的外部环境。

第四，积极提升普通劳动者的数字技能。企业在借力数字经济推进产业结构升级过程中，除了要重视高端人才培养，也要提升普通劳动者的数字技能：在"机器换人"的时代，对于一些高危岗位或高强度的生产环节，应加强机器换人进程；对于一些简单的复杂劳动力，劳动者被机器取代后，企业应为其提供转岗培训，提升其数字素养，从而能够更好地适应其他工作岗位。

（五）促进产业与数字经济融合，为产业结构升级奠定基础

数字经济具有跨行业、跨地区和跨领域属性，可以通过大力推动数字经济发展，运用新技术、新业态和新模式来促进三次产业的融合，为产业结构升级奠定根基。

第一，在农业领域，要充分利用数字经济发展机遇助推农业的数字化转型，加大数字技术运用力度，建立信息化和自动化的农业生产经营模式，提升农业生产效率，推动由传统农业向现代可持续农业迈进。

第二，在制造业领域，推动数字技术与制造业的全面深度融合，进一步夯实我国产业基础和提升产业链发展的数字化水平，从而为传统制造业转型升级奠定基础。一

方面，推动传统制造业的智能化和高端化发展，不断改进生产工艺及商业模式，提升传统制造业的附加值；另一方面，加快新兴战略产业的发展力度，做大航天航空、生物医药、集成电路等高端产业群，做强动力电池、现代软件、现代中药等优势产业群，培育大数据、区块链、人工智能和云计算等新兴产业群，积极布局前沿信息技术领域。

第三，在服务业领域，加大数字技术应用力度，做好服务业个性化、定制化分类的细化，满足消费者的个性化需求。同时，应加大政务服务的数字化改革，提升公共服务的数字化和智能化管理水平，带动更多的现代服务业发展。

第三节 全球数字经济治理体系与发展展望

由数字技术及数字经济驱动的新一轮全球化正蓬勃发展，成为推动全球经济增长、促进国际交流与合作的重要动能。数字技术对传统经济社会产生的深刻、全面和颠覆性影响，正在改变传统的生产方式与生产关系，并对原有的全球治理理念、规则、秩序提出新的挑战。数字技术在促进资源配置效率、生产效率以及管理效率提高的同时，也带来了一系列新的亟待解决的问题，当前迫切需要一个相应的监管体系和治理环境，以引导数字经济规范化发展。随着数字经济全球化的纵深发展，未来全球数字经济治理的主体与对象都将趋于多元化，构建统一、包容、共享、互惠的新秩序应当成为全球数字经济治理的理想目标。

一、全球数字经济治理体系的认知

（一）数字时代下的全球经济治理

数字技术的进步和广泛应用推动了数字经济的蓬勃发展，全球经济治理也因此进入新的历史时代。从治理客体上看，数字技术拓展了全球经济治理空间，使全球产业治理、贸易治理、货币金融治理和可持续发展治理的内涵更加丰富。从治理手段上看,数字技术带来了全球经济治理的路径创新,并从全球经济信息交换、风险防范、危机应对和政策效能评估等方面引发了全球治理变革。在此背景下,中国应当把握全球数字经济治理改革和创新进程中面临的新机遇,大力发展数字经济,积极参与和引领数字国际合作,不断提升全球数字经济治理制度性话语权,推动全球经济治理体系改革和创新。

数字经济已经成为全球经济发展的主要动力,数字技术在推动全球经济增长的同时,也给全球经济治理体系带来了许多新的挑战。一方面,数字技术的迅速发展与应用在经济领域催生了一系列系统性和全局性变革,数字经济成为推动全球经济增长的重要动力,也为解决全球治理传统议题提供了新的路径,如区块链技术有助于破解信任难题,推动全球合作;另一方面,数字技术的广泛应用也造成了许多新的全球性问题。传统的全球治理机制难以适应数字经济发展的新需求,而新的数字经济治理规则尚未建立或不完善,治理赤字有增无减。为应对这些挑战,全球经济治理体系需要进行相应的改革和制度创新,以提供有效的系统性解决方案,使数字技术更好地服务于全球经济发展。

1.数字时代下全球经济治理的空间拓展

数字技术进步及其在全球经济领域的广泛应用拓展了全球经济治理的空间。尤其是在全球产业、贸易、货币金融和可持续发展等领域,全球经济治理面临更加复杂的形势。一方面,传统全球经济治理领域加速推进数字化,既创造了新的发展动力,也丰富了全球经济治理的内涵;另一方面,全球经济治理面临更加复杂的治理环境,也给国际协调与合作提出了更高的要求。

(1)全球数字产业治理。数字技术的发展给全球产业带来深刻改变,并主要体现在数字产业化和产业数字化两个方面。一方面,数字产业化得到极大发展。数字产业化是将信息的生产与使用规模化,主要涉及电子信息设备、数据传输、云计算、物联网和人工智能等方面的硬件和软件制造、销售和服务,是数字经济发展的基础;另一方面,传统产业的数字化进程加深。产业数字化是将数字技术和信息数据广泛应用于传统产业部门的生产、经营和管理等各个环节,并通过两者相互融合实现产出增加和效率提升。随着数字化进程的加快，数字产业化已经成为数字经济发展的主引擎，传统产业治理进入数字时代。

数字技术的发展从两个维度影响了全球产业治理：一是生产要素的变革。作为信息载体的数据和工业时代的土地、劳动、资本、技术一起成为重要生产要素，并成为产业数字化的核心。数据确权制度、数据安全与保护制度、数字产权交易制度、数据跨境流动方面的数据创新治理将成为全球产业治理的重要任务之一。二是产业模式的变革。新技术催生了新产业、新业态和新模式。新产业指依托于科技创新和市场需求创造的新的产业体系，例如生物工程产业、信息技术（IT）产业；新业态指基于新技术和新产业而创造出的商业领域新环节、新活动，例如跨境电子商务、互联网金融等；新模式指以市场需求为导向，对企业生产要素和外部要素进行调整整合，改变传统上下游产业链模式和价值关系，例如，借助互联网和海量数据实现的企业对企业（B2B）、个人对个人（C2C）电子商务模式、新直销模式等。这些变革使对生产要素流动的监管变得复杂。

（2）全球数字贸易治理。数字技术的发展催生了数字贸易。作为传统贸易在数字时代的拓展与延伸，数字贸易是指通过信息通信技术（ICT）实现传统实体货物、数字产品与服务、数字化知识与信息的高效交换，进而推动消费互联网向产业互联网转型并最终实现制造业智能化的新型贸易活动。这种数字化的变革降低了贸易成本，加强了贸易环节中各要素间互相联系的程度。

数字技术的广泛应用推动了数字贸易的快速增长。无论是数字服务贸易还是数字商品贸易，增长速度都远高于传统贸易方式。数字贸易的发展给全球贸易治理提供了便利。一方面，依托数字技术和海量数据的互联网平台，助力全球商品和服务的供给和需求实现高效匹配；另一方面，数字化手段提高了贸易效率，既极大减少了中间环节，也加快了传统贸易过程清关、海关检疫等活动。同时，数字贸易发展也给全球经济治理带来了挑战。一方面，流动要素、参与国际贸易的行为体、贸易方式等的复杂变化使国际贸易监管更加复杂，引发了安全挑战，增加了贸易治理的难度；另一方面，当前国际和国内层次的数字贸易规则不健全，国家间的政策行动协调也远不能满足现实发展的需要。

（3）全球数字货币金融治理。数字技术的发展推动了货币领域的革新，数字货币应运而生。随着云计算、互联网和区块链技术的发展，经济金融活动被更多转移至互联网世界，催生了无实体形式的数字货币。近年来，无论是数字加密货币，还是中央银行数字货币，都得到较快发展与流通。

数字技术的发展也推动着传统金融领域的革新，传统的国际结算业务主要使用环球同业银行金融电讯协会（SWIFT）国际结算系统和纽约清算所银行同业支付系统（CHIPS），其运行存在延时长、费用昂贵等问题，并且呈现美国主导的中心化特征。全球金融危机暴露传统金融中心化模式的明显缺陷，即中心化的金融机构作为交易双方的信用担保并不能保证双方履约；而基于区块链技术的国际支付结算运行模式不仅不依赖中心化的机构，而且由于具有不可篡改和可追溯的特质，能够为支付监管和隐私保护提供有力支持，同时推进全球货币体系去中心化趋势，从长远来看，它也将推动全球金融治理体系的多元化。

但是，全球货币金融治理也将因此面临新的挑战。传统全球货币金融治理的客体主要是依托主权实体货币的国际货币体系、国际金融体系和国际金融治理机构。数字技术带来的变革使对全球货币金融治理对象的监管更加困难。以超主权数字货币的出现为例，它由商业机构主导发行，没有国家主权做信用背书，却可以在全球范围流通，将在很大程度上冲击现有主权货币，其潜在风险主要表现在三个方面：一是存在技术安全风险。数字货币在履行支付手段等功能时一旦出现技术故障和运营风险，或导致经济金融活动的中断和停滞。二是存在非法利用风险。由于缺乏像法定货币一样的来自各国央行的监管，数字货币可能被用于非法交易活动。三是存在威胁金融稳定的可能，加之其去传统中心化管理机构、高度匿名及易受攻击不稳定等特点，在全球层面对其进行有效治理将面临更大困难。

（4）全球数字可持续发展治理。数字技术为全球经济塑造了可持续发展的新动力，技术创新一直是经济发展的源泉之一，数字经济为经济社会发展提供了有力支撑。数字经济的发展是实现可持续发展的重要途径，数字技术能显著降低经济活动中的社会经济成本，并为实现可持续发展提供重要支撑。在气候治理中，数字技术的运用可以直接降低传统经济活动中的碳排放，也可以通过数据摸底、情景预测等宏观管理路径来助力碳中和等气候目标。在产业发展中，数字化基础设施降低经济成本，数字化平台有助于资源共享和集约化利用，数字化转型重新定义传统商业模式，简化业务流程，拓展生产可能性边界，降低企业成本，提升运营效率，为社会创造更多灵活的就业机会，从而推动经济可持续增长。但是，数字经济也会加剧"数字鸿沟"，给全球可持续发展带来负面影响。数字革命还会带来失业以及收入持续从劳动力流向资本等危害，导致资源、财富和权力进一步集中，从而增加社会的不稳定因素。

2. 数字时代下全球经济治理的路径创新

数字技术的发展不仅带来全球经济治理领域的拓展，还带来了治理手段的创新。数字技术并非单一技术领域，而是一系列领域相关技术组成的新技术体系。例如，数字资源的利用主要依托大数据技术，数字设备依托云计算技术，数字传输依托物联网技术，数字信息依托区块链技术，数字智能依托人工智能技术。这些数字技术不仅使过去无法实现的治理分析路径成为可能，而且在信息爆炸时代，这种路径创新更有其必要性。在数字时代的全球经济治理中，全球经济信息交换、经济风险防范、经济危机应对和政策效能评估等过程将因数字技术而发生深刻变化。

（1）全球经济信息交换的数字化。经济信息交换是全球经济治理的基础和前提，是推动协同治理的重要动力。在宏观经济政策协调方面，大数据获取和加工海量数据，能更好地了解宏观经济运行图景，进一步集各方信息资源优势，打破信息不对称的障碍，促进各方宏观政策目标协调以及贸易等经济活动，为全球经济治理注入新的活力。

数字技术的发展推动了全球贸易、产业和可持续发展治理等细分领域的信息交换，为全球经济治理注入新活力。在全球贸易治理中，各国通过电子信息交换可提高货物和运输工具的进出境通关效率，增强贸易数据可信度，助力数据稽核比对来精准打击低报货值等违规申报行为。在产业治理中，以区块链、大数据为代表的数字技术能够应对全球化背景下新产品的快速推出，以及物流和分销碎片化带来的产业链运营压力。这两类数字技术的结合，能够实现对产业链数据、市场需求信息的实时存储、历史追溯、深度挖掘和其他多维度分析，在全球生产体系内更加准确地实现资源配置、更加灵活地安排市场投放、更加及时地掌握产业发展动态。在可持续发展治理领域中，气候变化、环境破坏等问题产生的原因和带来的影响都是全球性的，应对这些问题也需要开展全球合作，因而需要各个国家更加广泛地共享和分析相关数据，以便采取更加有效的应对措施。

（2）全球经济风险防范的数字化。防范经济风险是全球经济治理的应有之义。一方面，全球风险的产生往往与当时全球治理制度安排的内生性和滞后性有关；另一方面，风险的防范也助推全球经济治理的发展与变迁。在数字时代，防范经济风险更有挑战性，但也具备了新的有利条件。

数字技术能够更加及时准确地对全球经济风险进行监测和预警，金融领域治理更需要依托数字技术的应用。一方面，金融领域本身就具有高度数字化的特点，市场交易产品本身就具有虚拟性，数字信息技术的发展和渗透对其影响更明显；另一方面，金融市场波动大、影响广泛、风险溢出效应更为明显，传统金融分析手段存在数据不完整、数据之间联系性不强、未能清洗劣质信息等缺陷，难以生成具有决策价值和预警价值的防范信息。数字技术的出现有助于破解传统情报分析的局限性，其原因主要包括三个方面：一是区块链等技术使数据具有不可篡改和可追溯等特征，能够确保交易数据的真实可靠；二是大数据使数据和信息更加丰富、完整以及具有更高时效性；三是人工智能强大的分析能力使解决传统金融分析和情报分析无法解决的问题成为可能。

（3）全球经济危机应对的数字化。应对经济危机带来的负面影响，是全球经济治理的重要内容之一。经济危机具有突发性和严重的破坏性，并且会产生很强的溢出效应。一国的经济危机不仅会波及联系紧密的所在地区成员，还往往会对全球经济带来影响。因此，应对经济危机不能仅靠一国或少数几个国家的力量。数字技术的发展为全球经济危机应对提供了新的手段。在应对全球经济危机的过程中，基于区块链的可信大数据和可信人工智能等技术的应用，有助于解决危机中的"数据孤岛"①"信息孤岛"②等问题。在金融危机中，国际大投行信息系统掌握的数据相互割裂，各个治理主体掌握的数据既不全面又以邻为壑，导致数据间的关系难以被发现和贯通，进一步加深危机。受益于区块链、大数据和人工智能等技术，人们不仅可获得更为充分的应对危机的数据，而且可以借由这些联系更加紧密的数据较为全面地掌握危机状况，并给出更科学及时的应对方案。

在金融领域治理中，基于大数据等数字技术的情报分析也能为消除金融危机的负面影响提供便利。依靠大数据、人工智能算法等技术支撑的量化投资软件程序，能更加精准地发现和分析风险管控中的干扰性因素，能够较为全面地覆盖传统交易软件中程序无法完成的部分。这些技术在进行实时捕捉和监测的基础上，能够更加及时地挖掘动态变化的干扰性因素，从而为诱发金融危机的各种漏洞打上补丁。

（4）全球经济政策效能评估的数字化。经济政策的效能评估是全球经济治理的重要部分。以大数据为代表的数字技术通过对包括非结构化数据在内的海量数据进行分析，使政策评估更接近现实情况。通过容忍、接受大数据的混杂性、不精确性，并运用分类或聚类等方法分析混杂数据，可实现对政策效能的快速判断。尤其在面对具有紧迫性的危机应对情景时，由于危机对不同成员造成的负面影响不同，及时有效的信息共享和政策协调等集体行动不仅对应对危机至关重要，也更能彰显成员间的信任和集体行动的决心。在对细分领域的政策评估中，数字技术也发挥着重要作用。在金融政策的事后评估中，可以通过大数据评估市场各类主体在政策出台后的反应。通过对监管对象的动态监控，获取政策变动后的最新数据，并与原有数据或目标数据进行对比，可以了解监管对象对政策的反应，以便后续进行政策调整。

---

①数据孤岛，简单说就是数据间缺乏关联性，数据库彼此无法兼容。

②信息孤岛是指相互之间在功能上不关联互助、信息不共享互换以及信息与业务流程和应用相互脱节的计算机应用系统。通俗而言，就是甲乙丙丁几个功能齐全的设备，在一个大环境里运转，各自产生的数据却没有任何交互功能。

（二）全球数字经济治理体系的要素

全球数字经济治理应当是数字经济全球化背景下多元主体基于相关制度、规则对数字经济领域内全球性共同问题的治理，既涵盖数字技术对传统贸易、投资、金融议题的渗透，也延伸至平台治理、数据安全、数字人权等数字冲击下带来的新问题，其终极理想目标是构建统一、包容、共享、互惠的全球数字经济治理秩序。全球数字经济治理主要有四个要素：全球数字经济治理的原则、全球数字经济治理的目标、全球数字经济治理的主体、全球数字经济治理的方式。

1. 全球数字经济治理的原则

（1）多元协同共治原则。随着互联网特别是移动互联网的发展，社会治理模式正在从单向管理转向双向互动，从线下转向线上线下融合，从单纯的政府监管向更加注重社会协同治理转变。全球数字经济是一个完整的生态系统，对全球数字经济的治理应当有协同治理的大理念。数字经济治理与传统经济治理在治理主体上的不同之处在于：大量技术、平台公司的崛起和数字平台在信息匹配、定价、信用评价、知识产权保护、消费者保护等问题上的具体实践，将直接决定跨国市场的运行方式，其对数字治理的落地和细化是全球治理规则的有力补充。

（2）谨慎的技术中性原则。随着技术本身的不断进步，特别是数字技术出现后，技术的发明初衷与其预期可能被赋予的价值的界限越来越模糊，"技术"越发趋向于一个复杂的"过程"，而不是简单的"物"或"结果"。数字经济区别于传统经济的一个重要特征在于其数字技术属性，倡导谨慎的数字技术中性原则、让数字技术更多地回归技术本身，有利于国家间加强领域内问题的协同共治，也是促进技术向善、推动全球数字技术持续创新和数字经济健康发展的关键。

（3）公平互惠原则。秉承数字经济治理的公平互惠原则，一方面要弥合数字鸿沟，特别是要提高欠发达地区的数字技术水平，增加对落后地区的数字基础设施建设援助；另一方面要推动建立更加包容开放的全球性数字经济规则，既兼顾数字经济发达国家的利益，也要尽量减少部分经济较好国家的高标准对正在发展的国家构成的

"发展壁垒"。

2. 全球数字经济治理的目标

随着数字技术的飞速发展，全球数字经济治理对象已经由传统跨国贸易、投资、金融领域延伸至跨国数据流动、平台治理、数字服务税、人工智能治理、人权保障等诸多议题。全球数字经济治理目标也是多重的，除了服从全球治理以人类安全、和平、发展、福利、平等和人权为宗旨的基本目标外，还包括以下方面：

（1）促进数字经济全球化纵深发展。数字技术和数字化转型使得世界经济联系更加紧密，促进了商品、资本、技术、信息在全球范围的配置。数字经济在促进跨国交易和全球产业链稳定中发挥了重要作用。全球数字经济的有效治理旨在维护好数字经济全球化的秩序，有助于对冲逆全球化的风险。

（2）协调多元治理主体分歧。当前以国家为主体的传统多边治理机制面临多重困境，而随着数字技术的发展，以超级平台为代表的私营部门却凭借海量数据、先进技术和丰富的数字服务，成为连接产业链与用户等多方主体的纽带，推动大数据、人工智能、5G技术等新兴规则出台。协调多元治理主体分歧，不仅是缩小国家间的数字发展鸿沟、理念差距，更应进一步消除主权国家政府与私营部门间的分歧，增进二者在数字领域内的共同合作，积极探索公私合作责任分担、技术支撑的新机制，共同应对数字经济全球化挑战，形成有效的多主体协同治理。

（3）促进数字技术向善发展。随着数字技术的进步，数据存储、计算和传输的成本大幅降低，即便是传统经济全球化的偏远之地也可能从数字经济全球化浪潮中获益。数字时代的技术力量将是空前强大的，未来促进数字技术向善，最大限度地削减技术本身及技术规则的非中性影响，帮助后发国家与弱势群体融入数字经济全球化，构建更加普惠、共享的数字经济新秩序，应当成为全球数字经济治理的重要目标。

3. 全球数字经济治理的主体

与传统的经济治理相同，全球数字经济治理的主体也应当包括主权国家、国际组织、跨国公司和全球公民社会等。由于数字经济本质上仍是数字化的实体经济，这意味着参与全球数字经济治理的国家主体并未缺位，但同时数字经济意味着工业、农业等实体经济高度数字化,传统经济与数字经济的边界越来越模糊,这又需要国家更多地将主权、责任让渡于一些超国家组织、平台。与传统全球经济治理相比,全球数字经济治理主体将发生以下重大变化:

(1)主权国家政府仍占据主导地位,但其在全球数字经济治理中的地位发生变化。互联网无处不在,使企业和个人可以轻易地绕过任何一个国家的法律,而国家法规与计算机网络的去中心化结构相协调变得越来越困难。但这并不代表互联网削弱了国家监管全球经济的能力,国家尤其是大国,仍然是处理全球化和互联网带来的社会和政治外部影响的主要行为体。强大的国家会使用一系列外交政策替代措施来推动其预期偏好转化为预期结果,而非国家行为体往往只是在边缘地区影响结果。此外,中国等新兴经济体经过多年发展之后在全球数字经济治理舞台搭建中占据了核心位置。

(2)私营部门在全球数字经济治理中作用凸显。第一,公司作为全球数字经济治理主体的重要性进一步深化。在数字经济时代,由于公众对网络平台的依附以及政府在网络空间的效能缺失,数字科技公司特别是超级网络平台甚至可能超越政府主体,从狭隘的网络治理范畴延伸至社会治理乃至国家治理。第二,公司的社会动员能力进一步加强。在数字经济时代,超级网络平台成了容纳数十亿用户群体的庞大社会空间,这些平台为社会公众提供了生活、工作和休闲的新型基础设施,对用户具有极强的黏性。第三,全球化由头部企业向平民级企业延伸。在数字经济时代,全球化由顶层企业向平民企业延伸,并不是要求每个企业都在全球市场中参与大规模的重组、并购、投资,融入全球资本市场。数字经济尤其是平台经济的出现让诸多中小企业参与全球贸易的成本降低,得到更多参与全球化的机会。未来更多的平台以及多个平台的相互对接意味着更多的中小企业将可能获得参与全球化的机会。

(3)个人开始走向全球数字经济治理舞台的中心。在数字经济时代,消费者将从社会生产的相对独立的旁观者变成深度参与者。在数字经济全球化时代,消费者的重要性进一步凸显的原因在于,一方面,数据资源成为关键生产要素。作为数据的主要生产者,互联网用户在体验和消费的过程中产生海量数据,由此组成了平台企业、各国政府的宝贵资源。另一方面，新一代消费者是数字经济最积极的参与者和推动者。被称为"数字原住民"[①]的新一代消费者的消费习惯、消费路径和社交方式与互联网平台高度契合，这让他们更容易胜任今天的许多岗位，更快地成为高效工作者，更容易适应新商业模式以及新技术带来的各种组合。

4. 全球数字经济治理的方式

全球治理的基本依据是基于制度、规则的治理。在数字经济时代，以规则为基础的治理仍是行为体参与全球治理的重要准则，但规则的定义以及行使方式发生了两方面变化。一方面，代码成为继市场、法律、社会规范以外的第四种规制方式。如今的代码已经逐步确立了作为规范互联网用户行为的主要方式，特别是智能合约及区块链技术的出现，代码在规范人们在互联网上的互动方面发挥了更大的作用，未来的治理可能通过智能合约来完成全球范围内的协同操作、资源配置。另一方面，大数据及区块链技术进一步解析规则使壁垒透明化。这将有利于打通规则间的联系，帮助各个国家、机构乃至个人了解全球化的规则和壁垒，降低识别、参与规则的制度成本。

二、全球数字经济治理的发展展望

数字经济全球化的深化重塑了世界经济发展格局，传统全球经济治理受到新的挑战，为了应对数字经济时代的诸多问题，以主权国家和平台企业为代表的多元主体应加强协作，共同推动构建统一、包容、共享、互惠的全球数字经济治理新秩序。全球数字经济治理的发展需要关注以下方面：

（一）加强超级数字平台的反垄断监管

在全球数字经济治理的发展过程中，应对超级平台的垄断问题可以从以下方面着手：首先，应加强对超级平台的审查。要完善平台企业垄断认定方面的法律规范，将利用算法实施价格同谋、滥用市场支配地位不当收集和支配数据等行为纳入反垄断规

---

① 数字原住民，指和高科技一起诞生、学习生活、长大成人者。

制范围。完善大型互联网平台企业的并购审查制度，制定交易价格相关标准，避免其通过高价收购竞争对手达到垄断目的。同时各国政府应加强超级平台反垄断审查相关制度法规的协调、对接，减少因制度差异带来的交易成本，提升反垄断审查的效率。其次，营造公平、包容、富有活力的商业环境，支持中小企业，特别是初创和年轻企业参与数字经济创新活动。鼓励中小企业积极参与标准制定，并应尽可能减少其参与的障碍。支持包括中小企业在内的所有利益相关者更好地了解全球标准生态系统，促进中小企业进一步参与规则。最后，在推动平台自我管理与强化外部监管的基础上尝试引入第三方监管平台。引入第三方监管意味着平台监管将从单一公司化平台转向各种平台合作社和更加分散的系统，虽在短期内难以实现，但从长远来看，可以为用户提供一个更加公正、公平的数字经济环境。

（二）保护数字经济背景下的知识产权

知识产权在促进创新、提升数字经济中的行业生产力、增长权利人竞争力方面有着重要的作用，此外知识产权密集型行业在增加GDP、就业和贸易方面的贡献超过其他行业。当前在数字经济领域内的知识产权保护问题形势严峻。在数字经济背景下，知识产权保护的新客体不断涌现，创新成果从有形产品拓展到无形产品，因此，保护知识产权工作也应有所创新：首先，要明确知识产权的保护边界，明确可受知识产权保护的客体，确定知识产权的权利范围，以及厘清知识产权保护的义务与责任；其次，数字技术的更新迭代大幅度缩短了产品创新和应用的周期，保护知识产权应同步更新知识产权的保护机制、完善相关制度体系、提升保护效率；最后，数字经济日益穿透国家边界，知识产权侵害现象在全球范围内蔓延，保护知识产权更须加强国家间的行动合作与政策协调，推动建立包容、公平、高效的国际知识产权新秩序，构建共商共建共享的知识产权全球治理格局。

（三）促进全球数字公共物品的提供

数字鸿沟持续扩大是全球数字经济治理中的痛点与难点，数字公共物品对缩小国家间的数字差距,释放数字技术和数据的全部潜力,以及实现数字时代经济可持续发展目标至关重要。促进全球数字公共物品提供,一方面,要建设更加普惠的数字基础设施,加快创造优质数字公共产品的进程,提高数字产品的可及性。数字技术高速发展,但获取数字产品的机会却参差不齐,提高数字产品的可及性,不仅要增加数字基础设施援助,搭建数字共享平台,也要建立强有力的人权框架,确保包容性。另一方面,要在尊重隐私的前提下,搭建全球数据访问框架,汇聚数据集,推进相关领域共享数字公共物品。开源的数字数据包对今后应对其他公共卫生危机或是环境保护等全球公域问题,开放在线教育资源,以及缓解疫情流行期间的就业问题都具有重要意义。

总而言之,解决全球性问题需要全球性解决之道。一方面,应对全球数字鸿沟、知识产权保护、数字伦理等问题须依赖各个主权国家政府间合作,以促进数字公共物品提供,激励数字技术创新,引导科技向善,构建包容、共享、互惠的全球数字经济治理体系;另一方面,数字经济时代将比以往更强调多元主体,特别是非国家主体的参与,区块链技术带来的去中心化的分布式治理为传统集权式治理提供了创新的思路。应秉承数字经济命运共同体理念,摒弃零和博弈旧观念,坚持多方参与、多元共治,体现多元主体的意愿和利益,共同制定全球数字经济治理规则。

第四节 数字经济提升我国产业链韧性的路径探索

"提升产业链韧性是推进产业链现代化的重要内容,也是增强经济韧性的关键环节。产业链韧性表现为产业链的抵御风险能力与恢复能力,提升产业链韧性应有序推进补链、延链、固链、强链等。数字经济时代,新要素、新模式、新产业、新业态为产业链韧性提供了新动力。"[①]因此,需要依托数字经济大力推进产业链数字化升级,加快打造新型数字示范平台,着力突破关键核心技术,发挥龙头企业带动作用,注重

---

① 陈晓东,刘洋,周柯.数字经济提升我国产业链韧性的路径研究[J].经济体制改革,2022(1):95.

扶持"专精特新"企业，推动产业链向更完整、更稳定、更强健的方向发展，不断提升我国产业链韧性，早日实现产业链安全可控。

一、产业链韧性的内涵与提升内容分析

（一）产业链韧性的内涵

有关韧性的经济学研究主要集中在发展经济学、区域经济学等细分领域，如"经济韧性""城市韧性"等。经济韧性主要指经济系统抵御外部冲击的能力。区域经济韧性包括危机抵抗性和适应恢复性两个关键过程。经济韧性不仅体现在抵御外部冲击并迅速恢复的能力，更多的是资源重组、不断转型升级的能力。城市韧性具体指城市系统在应对外来冲击时表现出来的适应能力、恢复能力和学习能力。城市韧性可以分为城市经济韧性、城市社会韧性、城市制度韧性、城市生态韧性、城市基础设施韧性。韧性城市是城市可持续发展的新模式，韧性城市应具备系统性适应能力与完善的应急管理体系，能够快速有效应对各类灾害。

产业链韧性可以定义为产业链应对内外部冲击的能力，具体指产业链在遭受国内外市场、环境等冲击扰动时能够维持链条稳定、防止断裂、调整适应恢复到受冲击前的运行状态、甚至化危为机实现链条升级的能力。一个国家或地区的产业链是否强韧往往体现为该区域的产业链能否贯通企业的原料供应、生产制造、销售服务整个链条，当原有产业链受到冲击时，是否有可替代方案及时填补。韧性强的产业链在受到内外部冲击时不仅可以抵御冲击对产业链造成的损失，还可以在复杂多变的环境中迅速做出反应消除冲击带来的干扰，及时调整运行模式实现产业链优化升级，以维持产业链稳定运行。产业链韧性主要表现为产业链的抵抗能力和恢复能力。产业链应对冲击扰动时，抵抗能力和恢复能力同时存在、相互影响，共同决定产业链韧性强度。

产业链的抵抗能力主要是产业链应对冲击扰动影响的抵抗程度，即冲击扰动对产业链的影响程度，抵抗能力强的产业链在受冲击扰动时影响程度较小。危机抵抗能力主要受产业链自身发展的影响，如链条完整度、产业基础能力、资源配置能力等因

素。一条完整的产业链可促成产业价值实现和增值,分为前端、中端和后端三大环节。其中,前端包括研发、设计、材料以及采购等环节,中端环节主要是产品的加工和组装,后端涵盖物流、销售、品牌等服务。产业链的抵抗能力体现在产业各个环节,任何一个环节无法抵抗外来冲击都会导致产业链不稳定,甚至出现"断链"。

产业链的恢复能力主要是产业链应对冲击扰动影响的恢复状况,即链上企业通过对资源要素、技术水平、政策制度等调整以适应冲击引起的环境变化,维持产业链自身稳定运行的能力,主要包括产业链的内部调整适应程度、产业链的恢复速度与恢复程度。与抵抗能力相同的是,产业链的恢复能力体现在产业链条的各个环节,无论是前端、中端还是后端,任何一个环节上的生产在受到冲击后无法恢复,都将会对整个产业链产生"连锁效应";与抵抗能力不同的是,产业链的恢复能力往往是产业链运行受到重大冲击而体现的。

(二)产业链韧性提升内容

产业链韧性提升是产业链现代化的重要内容,而产业链现代化是指一个国家或地区提升产业链水平、强化其产业在全球价值链各环节的增值能力、实现在全球价值链的地位升级的过程。实现产业链现代化,就是要增强产业链供应链的自主可控能力,具体包括产业创新性、产业安全可控性、产业间联系的紧固性、区域间产业的协同性、产业组织的灵敏性和柔性、产业链治理的现代性六大特性。推进产业链现代化就是要推进基础产业高级化,强化企业间技术经济联系,提高产业链与创新链、资金链、人才链嵌入的紧密度。要实现产业链供应链现代化需要产业链供应链创新能力更强、附加值更高、更加可持续、更加数字化、更加安全可靠、更加公平、更加协调顺畅等。提升产业链供应链现代化水平内涵是随着经济发展阶段与时代变化进行调整的,不是一成不变的。

提升产业链韧性是我国产业安全的根本保证,可以从短期与中长期视角出发提升产业链韧性,短期应从人、财、物等方面出发,中长期应侧重关键环节"补链"、核心技术突破、企业竞争力提升等方面。从产业链韧性的内涵出发,可以发现产业链韧性提升是产业链抵抗能力与恢复能力的提升。保持产业链完整、多元、本土、控制力强是产业链韧性提升的关键。因此，为提升产业链韧性，未来应侧重加强补链、重点延链、强化固链、突出强链等。

第一，要加强补链。完整的产业链条具有更强的抵抗风险能力，当内外部冲击扰动时，存在"断链"、不完整等问题的产业链往往容易受到影响，即产业链抵抗能力较弱。提升产业链韧性，应识别产业链上的弱项环节与短板，瞄准产业链上替代性较弱的关键节点，逐一补链，重点攻克，保证产业链的完整性，确保关键时刻不"掉链"。

第二，要重点延链。在微观企业层面，产业链韧性取决于采购和销售两端的"可替代性"。在国家宏观层面，产业链韧性主要受分布在国外的部分产业链环节是否集中在一个国家或一家企业的影响。产业链纵向延伸提升产业链附加值，横向延伸可以具有替代性，供需多元化，当受到冲击扰动时，能够适应冲击，受扰动之后恢复速度快，产业链恢复能力较强。

第三，要强化固链。从地区比较优势出发巩固产业链发展，增强地区产业链的抵抗能力，提升地区产业链的恢复能力。公共卫生事件等产生的冲击导致停工停产、交通运输成本提高等，本土化的产业链在疫后恢复调整上具有极大优势，因此，强化固链能够保持并巩固制造业传统优势，稳定产业链，提升产业链韧性。

第四，要突出强链。强链是提升产业链韧性的主攻方向，在现有产业链条的基础上，锻造长板，让长板更长，把握发展主动权。注重短板技术突破，集中解决一批具有前瞻性的重大问题，培育新型产业链，如围绕数字产业发展的新兴产业链，加快塑造制造业竞争新优势，增强产业链抵抗能力和恢复能力。

二、数字经济提升我国产业链韧性的动力机制

数字经济作为一种起源于计算机、互联网等生产工具的经济形态，其驱动产业链韧性提升的本质是以大数据、人工智能、物联网、云计算、移动互联网等数字新技术引领产业链变革。数字经济提升产业链韧性的动力机制可以从新要素、新模式、新产

业、新业态四个方面展开分析。

（一）新要素是提升产业链韧性的重要媒介

数字经济主要以数字化的信息和知识作为关键生产要素，数据成为产业链上企业之间信息与知识交流分享的"流通媒介"，加速了原有生产要素之间的协同发展，驱动产业链韧性提升。

第一，增强产业链应对冲击的响应速度。要素信息化、数据化作为制造业产业链上的标准化流通媒介，高效连接链上企业产品生产、分配、交换、消费的信息传递与要素流动过程，增强企业之间交流的便利性，使合作企业之间信息共享更便捷、信息传达更通畅，可大幅提高运行效率，企业在应对冲击时能更快地做出反应并及时采取措施。

第二，打破生产要素流动的时空限制。在数字经济下，以云计算、人工智能等为代表的信息技术实现了信息、知识等要素的高效率共享和传输，打破了依赖分工、地域、交易成本的产业链原有边界，改变了生产要素的时空局限。

第三，降低链上企业的交易成本。数字经济时代，新一代信息技术处于主导地位，有效扩大了经济活动的时空范围，减少了交易壁垒和摩擦。信息通信产品的零边际成本极大降低了企业交易成本、信息获取成本、学习成本和新技术传播成本，显著提高了经济效率，巩固了地区产业链的发展优势。

（二）新模式是提升产业链韧性的基本范式

平台化模式是数字经济引领产业链韧性提升的重要发展模式，数字平台为企业或产业链的生产制造、技术交流、运营管理、交易流通等环节提供便利，加速产业链数字化转型升级，促进链上企业分工更细化、协作更畅通，进而提升产业链韧性。

第一，提高资源利用效率。数字平台可以整合利用各种资源要素，充分利用碎片化或闲置资源，提高产业链的资源利用效率。

第二,打破产业链之间的信息壁垒。数字平台可连接多条产业链,通过信息整合、数据共享、资源调配等推动产业生产流通环节分工细化、价值增值,打破产业链与产业链之间单独成链的现状,有助于产业链网络化协同发展,形成产业生态群落,提升产业链韧性。

第三,破除创新过程中的信息孤岛。数字平台更好地聚集了科技创新资源、产业创新人才等,创新业务平台化可以实现多个创新平台协同发展,打破创新过程中的信息孤岛,为企业生产创新赋能,实现产业全链条以及端到端的创新服务。借助数字平台,平台上的企业可以合力攻破核心关键技术,发挥企业作为创新主体的重要作用。数字平台作为交易和创新的服务中枢,能够使企业原有业务创新、高效地运行,从纵向与横向两个维度为企业生产制造提供快速、灵活的数字化服务,促进链上企业实现集聚化创新。

(三)新产业是提升产业链韧性的关键载体

数字经济时代,以大数据、互联网、人工智能等为代表的数字信息技术市场化催生出数字产业,实现数字经济领域技术创新向产业创新的转变,为产业基础高级化、产业链韧性提升提供新动能。数字产业作为新兴产业,具体包括电子信息制造业、电信业、软件和信息技术服务业、互联网行业等,是引领产业发展重心向技术密集型转移、实现创新驱动产业链转型升级的关键。

第一,强化新技术对产业链的支撑。以数字产业为代表的新产业蓬勃发展加快了我国在新一轮技术变革中从模仿创新向自主创新转型的步伐,带动了技术密集型产业快速发展,为产业链数字化转型提供有力支撑。

第二,减弱危机在产业链上的传导。数字产业在产业链中处于关键环节,连接产业链的上下游环节,能够快速应对外来冲击对产业链上部分环节造成的链条停摆,减弱危机在产业链上下游的传导,促进产业链韧性提升,维持产业链稳定。

第三,促进数字产业链条的形成。以数字产业为基础,合理布局数字产业链,为传统产业链数字化转型提供大力支持,对传统产业进行全产业链条的解构与重构,实现产业链的改造与升级，提高产业链整体运行效率，增强了产业链韧性。

（四）新业态是提升产业链韧性的有效动力

数字化浪潮下，大数据、互联网、人工智能、云计算、物联网等数字技术和实体经济深度融合，形成了互联网制造、人工智能制造等数字化新业态，为制造业高质量发展、产业链韧性提升注入新动力。

第一，促进企业数字化转型。数字经济赋能传统产业，对制造业进行全方位改造，推动企业内部管理数字化，如组织结构、管理流程等，加速了企业"上云"步伐，增加了企业合作的可选择性。

第二，提供以需求为导向的生产供给。根据用户需求的大量数据，企业可以实现定制化生产，以对接客户需求，推动制造业数字化、网络化、智能化发展，提高传统企业的质量与效率，优化传统产业发展，促进产业基础高级化，加快产业链韧性提升。

第三，发挥国企"领头羊"作用。数字经济时代正是我国企业凭借数字化实现"弯道超车"的关键期，国内企业应借助数字化契机，运用工业互联网等硬件设施和工业软件等软件设施，通过营销服务、原材料采购、企业管理等业务环节数字化，全面实现企业从"线下"向"云上"的转型，打造"领头羊"企业，在提升产业韧性的同时提升产业链韧性。

第四，发挥大型科技企业的拉动效应。借助大型科技企业实现传统企业数字化转型与智能化升级，推动数字技术与传统产业深度融合发展，加快传统企业从个体转型上升到产业协同转型，带动产业基础高级化和产业链现代化。因此，数字经济赋能传统制造业，加快制造业数字化转型和智能化改造，实现制造业基础高级化，促进产业链韧性提升。

三、数字经济提升我国产业链韧性的具体路径

产业链韧性是我国产业体系保持完整和产业安全的基本保证，也是实现产业链现

代化和增强经济韧性的重中之重。数字经济时代,新一轮科技革命和产业革命加速演进,应持续推进补链、延链、固链、强链等工作,依托数字经济加快产业链数字化转型,加强数字示范平台打造,着力核心关键技术突破,注重核心领军企业培育,推动产业链更完整、更稳定、更强健,加快提升产业链韧性。

(一)着力数据链接,推动产业链数字化升级

加快产业链数字化转型,依据数据新要素打通产业链上堵点、连接断点,为补链、延链等工作提供基础,促进产业链韧性提升。

第一,加快数字基础设施建设。数字基础设施建设是数据生成、记录、收集、存储与使用的关键设施,完备与高效的基础设施建设在要素数字化、企业数字化、产业链数字化过程中有着重要支撑作用。应在政府与市场共同作用下,强化数字基础设施建设顶层设计,将新型基础设施建设纳入基础设施建设重点,依托行业协会、大型互联网企业等,优先建设一批国家级数字基础设施平台,如5G、工业互联网等,实现对链上企业数据的采集与应用。

第二,构建健康良好的数字化生态。数据要素作为新要素,应建立健全数据要素市场的规则,规范并健全数据互联互通的标准,打破产业链上各环节的"信息孤岛",加快数据链、创新链、人才链、资金链深度融合,为产业链数字化转型构建良好的数字化生态。数字经济推广过程中,应有统一的标准体系,包括基础设施的管理、安全、检测等共性标准和智能装备、大数据、工业软件等关键技术标准,便于企业之间进行数据共享,实现真正的互联互通。在数字产业生态系统下,通过整合创新资源,运用数字技术破解产业链上的创新瓶颈,提升供应链效率,走出价值链低端困境。

第三,提升产业链智能制造水平。加快推进工业机器人、3D打印、高端数控机床等智能制造装备的自主研发、制造与应用,通过技术渗透、网络渗透、数据渗透,加快推动重点产业链优先实现智能化升级,开展链上企业智能制造生产活动。发挥产业数字化和数字产业化双轮驱动效应,推动链上各环节企业数字化、智能化发展,形成以智能制造为核心的产业链数字化转型发展态势。

（二）强化平台支撑，打造新型数字示范平台

加强数字示范平台打造，依托数字平台变革产业链发展模式，由单一链条式向网络协同式转变，以实现产业链的延伸与稳固，提升产业链韧性。强化平台支撑，打造新型数字示范平台可以从以下方面着手：

第一，加快建立数据交易示范平台。数据交易平台是企业业务数字化转型的基础，通过对大量的、丰富的数据资源进行整合，积极打造大型的数据交流平台。以市场中的网络平台企业为主体，强化政府在数字平台建设中的协同治理作用，以大型平台企业为核心，深化不同平台企业之间的资源要素交流与合作，形成开放、创新、协调、统一的示范型数据交易平台，实现要素、产品等在不同企业之间的共享、合作，为链上企业寻求合作伙伴、拓宽合作范围提供重要支撑，为推进延链、固链等提供有效保障。

第二，积极打造专业化研发创新示范平台。以数据链为基础，以大型科技创新企业为依托，基于产业链上下游创新研发设计新模式，建设专业化研发创新示范平台。围绕工业互联网等新型基础设施，充分整合利用产业链及外部创新要素，在创新平台上加快实现小而精的创新研发突破，提高企业核心研发能力，增强产业链控制力，提升产业链韧性。此外，应加快企业内部工业网络、管理软件、数据系统等的建设与应用，为企业数字化、平台化发展提供基础。专业化研发创新示范平台应确保为中小微企业的入驻提供流量支持，为中小微企业的运转提供不同类型的优惠政策，降低中小微企业数字化转型成本，为产业链数字化转型打好基础。

（三）大力推进自主创新，突破关键核心技术

数字经济作为创新发展的新引擎，能够整合各种研发创新力量，通过技术创新、制度创新、模式创新等实现关键核心技术突破，夯实产业基础，增强产业链韧性。

第一，加快数字信息技术发展。加大数字信息技术基础研究，加强基础性、通用性与公共适用性技术的研发强度和深度，确保在信息技术领域形成以自主研发为主的

科技创新体系。加大基础研究财税支持力度，加强对重点行业关键基础材料、基础零部件（元器件）、先进基础工艺、产业技术基础以及工业基础软件的攻关与创新，逐步建立以自主研发为主、国际引进为辅的科技创新体系，实现由无到有的跨越。此外，发挥制度优势，在关键"卡脖子"领域集中攻关，充分发挥数字信息技术在实现产业链上各环节安全可控过程中的作用。

第二，完善金融支持创新体系。政府财政资金应发挥好引导作用，注重发挥社会资本的力量，鼓励不同主体运用市场机制开展创新合作，提高资本的配置效率。坚持以支持科技创新活动为主，围绕产业链、创新链等部署资金链，率先推进金融市场数字化发展，建立相关资产信息数据库，打造区块链金融平台，健全完善金融综合服务体系，为科技创新提供资金保障。

第三，推广"揭榜挂帅"等制度。以解决实际科技创新问题为导向，以最终成效为衡量标准，依托互联网等平台，通过"张榜"的形式达到"互联网+"下开放式创新的目的，有序普及推进"揭榜挂帅""赛马"等制度，实现科技创新从供给导向型向需求导向型的转变，充分发挥国内外高校院所、研究机构以及科学家团队等创新主体的作用，促进区域之间创新要素加速流动，激发地区科技创新的潜能。

（四）发挥龙头企业作用，重视扶持"专精特新"

企业作为微观经济主体，其抗风险能力、活力和创新力是产业链韧性的根本体现。应借助数字化转型浪潮，培育一批龙头企业、隐形冠军企业，大力培养和扶持专业化、精细化、特色化、新颖化的中小企业，带动链上企业共同固链、强链，提升产业链韧性。

第一，支持具有领导力的企业数字化发展。数字化转型过程中，倡导先行先试原则，应着重支持并鼓励产业链上具有领导力的企业加快数字化转型，通过横向、纵向合并等方式做大做强企业，带动产业链上其他企业数字化水平的提升。基于数字经济的融合性，加强企业与企业之间的跨界合作，聚焦企业的多元化需求，打造能够涵盖研发生产、解决方案、运营服务等产业链上重要环节的生态主导型企业，形成在产业链上具有主导作用的"链主"企业。

第二，培育一批隐形冠军企业。借助数字信息技术广泛拓展品牌传播媒介、创新原有商业模式，深化树立企业标杆意识，政府应支持产业链上下游企业加强产业协同，企业应通过掌握核心技术提升企业经营能力，打造一批自主创新能力、品牌知名度、资源整合能力都达到或接近世界级水平的领军型企业。

第三，扶持充满活力的"专精特新"企业。充满活力的"专精特新"企业以及良好的经济发展生态是我国产业链韧性最重要的保障。因此，不仅应坚决支持其长期发展，还要鼓励它们创新发展，聚焦专业化、精细化、特色化、新颖化发展。鼓励"专精特新"企业着力围绕主业、苦练内功、强化创新，把企业打造成为掌握独门绝技的"单打冠军"或者"配套专家"。积极引导中小企业挖掘优势、激发活力，加快推动中小企业在数字化发展中转型升级。

第四，打造具有全球竞争力的企业群体。凭借数字经济的网络连接，支持具备明显竞争优势和较高产业整合能力的企业通过数字化形成产业集群，瞄准产业链上的关键环节和核心技术，形成由科技领军企业牵头、高校科研院所支撑等多元主体协同的创新联合体，进而实现产业基础高级化，提升产业链韧性，早日实现我国产业链安全可控。

第四章　全球化重塑背景下我国低碳经济产业链创新

第一节　低碳经济的诞生与发展

低碳经济是以高能效、低能耗、低排放和低污染为基础的一种经济形态和发展模式，它包括低碳产业、低碳技术、低碳城市、低碳农村和低碳生活等一系列内容，其实质是通过技术进步与创新、产业结构优化和开发使用清洁（可再生）能源等措施，达到节约、循环和高效利用能源，优化能源结构和大幅度提高能源利用效率，降低煤炭、石油等高碳能源消耗，最大限度地减少温室气体和污染物排放，来实现社会经济的可持续发展。

一、低碳经济的诞生

人类社会伴随着生物质能、风能、太阳能、水能、地热能、化石能、核能等的开发和利用，逐步从原始社会的农业文明走向现代化的工业文明。然而随着全球人口数量的上升和经济规模的不断增长，化石能源等常规能源的使用造成的环境问题及后果不断地为人们所认识，随着废气污染、光化学烟雾、水污染和酸雨等的危害，以及大气中二氧化碳浓度升高将带来的全球气候变化，已被确认为人类破坏自然环境、不健康的生产生活方式和常规能源的利用所带来的严重后果。在此背景下，"碳足迹""低碳经济""低碳技术""低碳发展""低碳生活方式""低碳社会""低碳城市""低碳世界"

等一系列新概念、新政策应运而生。而能源与经济以至价值观实行大变革的结果，可能将为逐步迈向生态文明走出一条新路，即摒弃传统增长模式，直接应用创新技术与创新机制，通过低碳经济模式与生活方式，实现社会可持续发展。

在全球气候变暖的背景下，以低能耗、低污染为基础的"低碳经济"已成为全球热点。很多国家都在大力推进以高能效、低排放为核心的"低碳革命"，着力发展"低碳技术"，并对产业、能源、技术、贸易等政策进行重大调整，以抢占先机和产业制高点。

二、低碳经济的发展

（一）低碳经济的发展目的

低碳经济的特征是以减少温室气体排放为目标，构筑低能耗、低污染为基础的经济发展体系，包括低碳能源系统、低碳技术和低碳产业体系。低碳能源系统是指通过发展清洁能源，包括风能、太阳能、核能、地热能和生物质能等替代煤、石油等化石能源以减少二氧化碳排放。低碳技术包括清洁煤技术（IGCC）和二氧化碳捕捉及储存技术（CCS）等。低碳产业体系包括火电减排、新能源汽车、节能建筑、工业节能与减排、循环经济、资源回收、环保设备、节能材料等。

低碳经济的起点是统计碳源和碳足迹。二氧化碳有三个重要的来源，其中，最主要的碳源是火电排放，占二氧化碳排放总量的41%；增长最快的则是汽车尾气排放，占比25%，特别是在我国汽车销量逐渐增加的情况下，这个问题越来越严重；建筑排放占比27%，随着房屋数量的增加而稳定地增加。内涵低碳经济是一种从生产、流通到消费和废物回收这一系列社会活动中实现低碳化发展的经济模式。具体来讲，低碳经济是在可持续发展理念指导下，通过理念创新、技术创新、制度创新、产业结构创新、经营创新、新能源开发利用等多种手段，提高能源生产和使用的效率以及增加低碳或非碳燃料的生产和利用的比例，尽可能地减少对于煤炭石油等高碳能源的消耗，同时积极探索碳封存技术的研发和利用途径，从而实现减缓大气中二氧化碳浓度增长的目标，最终达到经济社会发展与生态环境保护双赢局面的一种经济发展模式。

（二）低碳经济的发展意义

生态资源可持续性发展低碳经济，一方面是积极承担环境保护责任，完成国家节能降耗指标的要求；另一方面是调整经济结构，提高能源利用效益，发展新兴工业，建设生态文明。这是摒弃以往先污染后治理、先低端后高端、先粗放后集约的发展模式的现实途径，是实现经济发展与资源环境保护双赢的必然选择。低碳经济是以低能耗、低污染、低排放为基础的经济模式，是人类社会继农业文明、工业文明之后的又一次重大进步。低碳经济实质是能源高效利用、清洁能源开发、追求绿色 GDP 的问题，核心是能源技术和减排技术创新、产业结构和制度创新以及人类生存发展观念的根本性转变。"低碳经济"提出的大背景，是全球气候变暖对人类生存和发展的严峻挑战。随着全球人口和经济规模的不断增长，能源使用带来的环境问题及其诱因不断地为人们所认识，不只是烟雾、光化学烟雾和酸雨等的危害，大气中二氧化碳浓度升高带来的全球气候变化也是不争的事实。

（三）低碳经济的发展措施

随着"低碳"的出现，"低碳社会""低碳城市""低碳超市""低碳校园""低碳交通""低碳环保""低碳网络""低碳社区"——各行各业蜂拥而上统统冠以"低碳"二字，使"低碳"成为一种时尚。为更好地规范"低碳经济"扎实、有序推进，使降排指标得以实现，使"低碳经济"真正成为促进社会可持续发展的推进器。

第一，抓好试点，树立典型。深圳成为中华人民共和国住房和城乡建设部批准的第一个国家低碳生态示范市，就是一个很好的范例。住建部支持将国家低碳生态城市建设的最新政策和技术标准优先在深圳试验，引导相关项目优先落户深圳，并及时总结经验向全国推广；深圳负责承接国家低碳生态城市建设的政策技术标准和示范任务。同时，住建部支持深圳市将每年一次的"光明论坛"提升规格，使其成为国内外具有重要影响力的低碳生态城市理论与实践的交流平台。在条件具备的省市、地区、行业，都应有目的地选择试点和典型，扎实推进，建之有效，确保我国经济在低碳经济促进下又好又快发展。

第二，制定出台相关政策，保证"低碳经济"健康发展。吸纳国际先进经验，制定出台产业导入政策，土地使用配套政策，资金配套政策，完整的技术理论，系统的产业、产品认证及检测标准以及加速人才培训。

第三，大力发展"低碳产业"。为了实现低碳，停止发展与低速发展都不可取，唯有加速发展，同时提高我国在低碳经济与技术方面的竞争力。因此，在转变经济增长方式、调整经济结构、向低碳经济转型的同时，大力发展低碳产业。低碳经济不仅是需要去郑重承担起来的一份责任，它同时也意味着一种新的发展机会，必须在转型、转变中培育和创新更多的新的经济增长点。

第四，认真做好宣传教育普及和舆论监督工作。各级政府应利用各种方式宣传低碳经济的重要性、必要性及利害关系，经常向社会通报减排进展、成效与不足，同时要组织媒体配合政府号令及时进行相关报道和揭露。开通低碳经济网络专线，搭建人们与政府沟通的桥梁，发挥人民群众"低碳经济"主人翁作用。

第二节　低碳经济对全球经济发展的影响

"全球气候变暖给人类生存和发展带来了严峻的挑战，发展低碳经济成为各国应对气候变化的基本途径"[①]。国际金融危机加快了各国低碳经济转型的步伐，低碳经济成为未来世界经济发展的新动力、新方向。随着低碳经济理念和实践在全球的迅速推广，低碳经济将对全球经济产生重大而深远的影响。

一、低碳经济推动全球产业结构和能源结构调整

（一）低碳经济推动全球产业结构调整

第一，能源消费成本的提高将在一定程度上改变不同生产要素之间的构成，从而

---

① 贾林娟，刘辉.全球低碳经济发展与中国的路径选择[M].合肥：合肥工业大学出版社，2021.

影响全球产业结构。随着节能减排工作的推进，能源消费结构不断优化，化石能源消费减少，清洁能源消费增加，将提高能源消费成本，并且成本的上升幅度取决于化石能源与清洁能源之间的比例。在一定条件下，能源消费成本的提高对不同经济体的影响不同。例如，某一国家或地区劳动力成本较高，当能源消费成本增加后，其高劳动力成本的劣势就会相对减弱，而能源资源丰富的经济体在该方面的优势就可能消失。

第二，低碳经济发展对不同类型国家产业结构的影响不同。在农业社会，落后的经济发展水平决定了工业不可能占较大的比例。步入工业社会后，工业在国民经济中的比重不断提高并占据主导地位。到了后工业化阶段，服务业取代工业成为国民经济的主导产业。很多国家的产业结构演进与其经济发展阶段基本上是一致的。经历了多年的工业技术洗礼，一些国家产业结构也经历了多次大规模调整。多数国家已经完成了（或正在进行）从高碳经济向低碳经济的转变，在低碳法律制度、能源政策、资金投入、技术研发等方面在世界上处于领先地位。它们运用先进的能源技术，以产业集群的方式建立起低碳产业结构。

（二）低碳经济推动全球能源结构调整

不同国家的能源生产结构和消费结构各不相同，能源资源禀赋在很大程度上决定了一国的能源生产结构和消费结构。影响一国能源生产结构的主要因素有资源品种、储量水平、空间分布、可开发程度、能源开发及利用的技术水平等。在能源供应基本稳定、能源供应基本自给的基础上，能源生产结构决定着能源消费结构。能源资源贫乏的国家或地区，能源产品主要依赖进口，其能源生产结构和消费结构取决于产品来源、保证程度及相互替代的经济性。目前，在全球能源消费结构中，煤炭、石油、天然气等化石能源占总能源比重的87%。在世界能源消费以化石能源为主的条件下，如果能源消费结构不调整，就会发生能源危机。煤炭资源储量虽然较丰富，但也不是取之不尽的，并且因煤炭使用而产生的环境问题也日益严重。人类使用化石能源的经济成本越来越高，技术要求越来越强。因此，出于对能源可持续利用的考虑，各国把开发利用可再生能源作为应对气候变化的重点。随着低碳经济的发展和先进节能技术的使用，能源消费结构不断优化。

能源消费结构随着城镇化发展而不断演进。能源是城市的血液，它驱动着城市的运转，现代化程度越高的城市对能源的依赖性越强。随着工业化、城镇化进程的加快和居民收入水平的提高，人们会对能源消费结构提出新的要求。越来越多的农村居民转移到城镇后，意味着原来的非商品能源（如薪柴、秸秆等）将被电力、气体燃料等商品能源所取代，而且人们更倾向于消费清洁、方便的商品能源。因此，城镇化水平的提高，将导致更多的人口消费更多的商品能源，从而减少薪柴、秸秆、煤炭等能源的使用。一般来讲，城镇化水平高的地区人均能源消费量要明显高于城镇化水平低的地区，并且能源结构也更为优质、高效。

二、低碳经济促进全球经济发展的方式发生转变

经济发展方式是指经济增长中各种生产要素的组合方式以及各种要素组合起来共同推动经济增长的方式。粗放型经济增长方式主要通过扩大投资规模、增加能源资源的消耗来实现经济的快速增长，导致经济效益低下、资源浪费严重、产业结构不合理、生态环境问题突出等一系列问题。粗放型经济增长方式主要是扩大投资规模和增加生产要素投入，带来较高的经济增长速度，却为此付出了较大的代价，在人与自然、人与社会、经济增长与经济发展之间产生了矛盾。从长远角度来看，这种以牺牲环境为代价的粗放型经济增长方式必将对经济可持续发展产生深远影响。因此，转变经济发展方式，走低碳经济发展道路，是应对气候变化、解决环境污染问题的现实需要，更是实现经济可持续发展的必然选择。

随着全球能源资源危机和环境问题的加深，一些国家开始调整产业结构，大力发展可再生能源产业，将转变经济发展方式作为提高能源利用效率、保护环境和缓解能源短缺的重要手段，很多国家纷纷开始调整经济政策，加快了向低碳经济转型的步伐。发展低碳经济是人类对经济增长方式的一次新变革，它将推动人类经济由高碳能源向低碳能源的转变；使经济增长从主要依赖能源资源和其他要素投入的外延型增长方式，向主要依赖科技创新和提高能效的内涵型增长方式转变；使经济结构随着经

济规模的扩大和收入水平的提高，向高附加值、高质量的方向转变；由单一产品竞争向产业链竞争转变；使能源结构随着新能源和可再生能源的开发，向更加清洁的方向转变。在全球气候变暖的背景下，转变经济发展方式是加快低碳经济转型的必要途径，也是实现经济可持续发展的必然要求，对推动全球经济发展具有十分重要的现实意义。

三、低碳经济发展构筑全球竞争新格局的出现

（一）国际贸易格局

在经济全球化时代，国际贸易已成为经济发展中不可或缺的重要组成部分，在低碳经济的大趋势下，未来国际贸易的发展也必然呈现低碳化特征。贸易低碳化是指通过发展低碳经济，建立以低耗能、低污染、低排放为基础的贸易增长模式，或是采用出口商品"碳足迹"显著减少的贸易增长方式。低碳经济将对国际贸易格局产生重大影响，主要表现在三个方面：一是商品贸易格局的调整。在能源的生产和消费上，传统能源在国际贸易中的比重将不断下降，而新能源在国际贸易中的比重日趋上升；在产品的生产和消费上，高能耗、高污染、高排放商品在国际贸易中的比重不断下降，而低碳产品的比重日趋上升。二是地区贸易格局的变化。当前，很多国家已经完成了从高碳经济模式向低碳经济模式的转变，它们运用先进的节能技术生产出低能耗、低污染、低排放的产品。这些低碳环保产品在国际贸易竞争中处于有利的地位，对正处于高碳经济中的发展中国家的产品形成巨大冲击，将导致国际贸易格局的重塑和调整。三是低碳经济将引领新一轮科技革命，低碳技术革命将在第四次技术革命（又叫新能源科技革命）中扮演举足轻重的角色。低碳经济发展将促使低碳技术在全球范围内的转让，推动全球社会生产力的巨大进步。

（二）国际经济格局

国际分工是以国家为基本单位，以比较优势为基础的产业间贸易分工，这种优势来源于自然禀赋或技术的差异。低碳经济的发展将改变国际分工中原有的资本、劳动

力、技术以及自然资源等要素构成，使各国在国际分工中的比较优势发生变化。近年来，发达国家主要致力于发展以信息服务业和现代金融服务业为代表的虚拟经济，将以制造业为核心的实体经济转移到了发展中国家，在此过程中，发达国家在实体经济中的优势逐步消失。与此同时，很多发展中大国的经济实力不断增强，对发达国家的经济竞争力造成了明显的冲击。一方面，应对气候变化、保护环境，促进经济可持续发展引发了发达国家向低碳经济转型的自主动力；另一方面，由于发达国家大多数是低碳和清洁能源技术大国，很可能会利用减排指标、气候变化税、碳市场、碳信用等来主导全球低碳经济革命和新能源市场，限制发展中国家的高碳商品和产业，同时通过提升全球环境贸易标准，实现其低碳产业垄断的目的，重新拉大与发展中国家的经济竞争距离。

四、低碳经济推动全球碳交易的高速发展

碳交易即温室气体排放权交易，是指为了应对全球气候变化，将减少以二氧化碳排放为主的温室气体纳入市场经济体制框架。碳交易的形成机制和基本原理是：由于不同国家或地区在能源结构、能源技术、能源效率等方面存在差异，导致同一减排量在不同国家的减排空间和减排成本不同，这种价格差促使碳交易市场的形成；合同的一方通过支付另一方获得温室气体减排额，买方可以将购得的减排额用于减缓温室效应，从而实现其减排目标。碳交易分为配额交易和自愿交易，配额交易是一种强制性的减排手段，国家或地区的碳排放总量不得超过配额数量，当超过该标准时，需要通过碳交易市场购买配额，而碳排放较少的国家或地区可以出售自己的剩余配额；自愿交易不依赖法律进行强制性减排，因此，缺乏统一的认证和管理，但其实施具有很大的灵活性。

随着碳排放权市场规模的不断扩大和碳要素的跨国流动，碳排放权的交易将在一定程度上取代一部分货物贸易，成为一种新型的贸易方式，从而改变国际贸易的商品结构和贸易方式。碳交易是虚拟经济与实体经济的有机结合，代表未来世界经济的发展方向。作为低碳经济发展的产物，碳交易将主导未来世界经济的发展，在引领经济增长方式转变和节能减排中，具有不可替代的作用。以往的实践和经验证明，仅仅依靠政府的强制性减排或企业、个人的努力无法实现真正的减排目的，必须引入市场机制。碳交易是借助市场经济框架解决气候变暖和环境污染问题的有效方式。通过这种方式，碳交易把应对气候变化的环境问题、减少碳排放的技术问题和可持续发展的经济问题紧密联系起来，利用市场机制来解决环境、技术、经济这一复杂的综合性问题。碳交易的本质是一种金融活动，但它又不同于一般的金融活动：一方面，碳交易将金融资本与绿色技术以直接投资或间接投资的方式投到企业，与实体经济紧密相连；另一方面，随着碳金融市场上进行碳交易企业数量的不断增加，将出现更多的碳金融产品以及衍生品。

第三节 我国向低碳经济转型的对策与思考

气候变化和环境污染成为制约人类社会经济发展的主要问题，因此，人们需要认真反思传统经济发展方式的不可持续性，扭转全球变暖趋势，向低碳经济发展模式转型。对于中国而言，目前面临的最迫切的问题就是在经济快速发展的同时减少碳排放，即在技术可行、经济合理的条件下选择适合自身的经济发展方式，在确保达到国家节能减排约束性指标的前提下实现经济快速增长。发展低碳经济是中国应对温室气体减排的国际压力、缓解国内能源供需矛盾和生态环境恶化等问题的主要方式，可以通过产业结构调整、促进技术进步、政府干预和市场调节、能源替代、制度创新以及消费模式转变等途径，突破能源资源约束和经济增长极限，构建低碳经济发展的循环路径。

一、调整产业结构

产业结构[①]反映了一个国家或地区各产业之间的联系和比例关系。产业结构演进反映了经济发展过程中一个国家或地区经济增长方式和发展模式的变化，对一个国家

---

①产业结构又称国民经济的部门结构，是指国民经济各产业部门之间以及各产业部门内部的构成。

或地区的生态环境有重要影响。产业结构类型影响碳排放量与收入水平：一般而言，资本密集型行业的碳排放强度较高，因而资本密集型产业主导的经济增长，碳排放与收入增长呈正相关；劳动密集型行业的碳排放强度较低，因而劳动力密集型产业驱动的经济增长，碳排放与收入增长可能呈负相关。所以，低收入水平（或处于较低发展阶段）的国家可以通过发展低碳产业提高碳生产率，促进经济增长。当然，高收入国家发展低碳经济具有一定的优势，因为它们的边际支付意愿较高，能够承担起较高的研发费用，实施较为严格的气候政策，因而碳排放与收入增长呈负相关。

（一）产业结构的优化

在一个非均衡的经济中，不同产业部门的要素边际生产率不相等，要素和资源在不同部门之间的流动会促进经济体的全要素生产率（TFP）的提高。产业结构优化的途径是通过提升资源配置效率，实现经济增长的目的。产业结构优化是指各产业间协调能力的增强和产业间关联程度的提高。产业结构优化是建立在社会生产技术进步的基础上，通过新技术的开发、引进、应用和扩散，打破原来的产业相对均衡状态，推动产业结构向更高层次演进和发展。产业结构优化是提高资源配置效率和实现经济增长的客观要求。产业结构的实质可以看作是资源转化器，产业结构优化是资源转化器运转效率和质量不断提高的基础。产业结构优化包括产业结构的高级化与产业结构的合理化。

1.产业结构的高级化

产业结构高级化又称产业结构升级，是指通过技术进步，国民经济部门的结构重心，由以农业为主的第一产业向以能源和劳动密集型为主的第二产业转移，再由第二产业逐渐向以金融和技术为主导的第三产业转移，即产业重点、要素密集度、产品形态依次从低级形态向高级形态逐渐演变的趋势和过程。

产业结构高级化包括产业高附加值化、产业高技术化、产业高集约化和产业高加工度化四个方面的内容。从横向看，经济发达程度与第三产业在国民经济中的比重呈正比，即经济越发达，居民收入越高，第三产业比重越高；从纵向看，经济发展和社会进步会带动第三产业的发展。第三产业不需要过多的资源投入,需要的是更多的人力资本和技术投入。因此,加快第三产业发展,提高第三产业和高新技术产业在国民经济中的比重,是实现产业结构升级和节能减排目标的必要途径。

2. 产业结构的合理化

产业结构合理化是指在一定的经济发展阶段,为了提高经济效益,根据本国的技术水平、消费结构、资源禀赋和人口素质,对当前不合理的产业结构进行调整,实现生产要素的合理配置,实现国民经济各部门的协调发展。产业结构合理化是产业结构内部质的变化,这种质的变化包括产业规模的扩大、产业部门分工的细化、生产专业化、生产技术水平的提高,产业结构由劳动密集型、能源密集型为主向技术密集型、知识密集型为主的结构转变。通过各产业之间的相互协调,增强产业结构的转换能力,适应市场需求的变化,使各产业之间的比例关系、经济技术联系和相互作用关系趋向平衡。

产业结构的合理性是衡量一个国家或地区经济发展水平的重要尺度,因为产业结构的合理与否在很大程度上决定了单位能源消耗:产业结构愈合理,意味着经济体中大部分的生产潜力都发挥出来,单位产品所消耗的能源就愈少;产业结构愈不合理,意味着经济体中有一部分生产潜力没有发挥出来,有一部分能源未被有效利用,单位产品所消耗的能源就愈多;产业结构愈畸形,能源浪费就愈严重。由于不同产业对能源的消费不同,单位产品所消耗的能源相差悬殊。

总体而言,产业结构高级化与合理化是两个层次的概念,高级化属于微观层面,合理化属于宏观层面。一般情况下,产业结构优化首先要进行高级化,然后经过合理化之后,为更高层次的高级化奠定基础,使得产业结构优化升级呈现螺旋式上升的局面。

(二)产品结构的升级

低碳经济意味着更多的低碳产品被生产、交换和消费。随着生产力的发展和科学技术的进步,各种新工艺、新产品层出不穷,产品结构也在努力向高质量、高层次、高附加值方向发展。作为一种集约型的经济发展模式,低碳经济要求以产品为链条,在产品的设计，原材料的选择，产品的生产、销售、消费等各个环节，全面、系统地贯彻低碳经济的基本思想和观念。

产品结构升级包括优化出口商品结构和能源结构。一方面，优化出口商品结构就是要改变单一的出口结构，在保持传统出口产品竞争力的同时，积极培育新的出口创汇增长点，增加高新技术产品的出口比重。另外，对产品进行深加工，提高单位产品附加值和技术含量，建立完整的垂直一体化产业链，延伸产业链条，实现产业的规模集聚效应，降低产品生产成本。另一方面，优化能源结构就是通过调整各类能源在生产和消费中的比例，减少化石能源的生产和消费，提高新能源与可再生能源比重，以能源的可持续发展和有效利用来支持经济社会的可持续发展。从供给角度看，随着技术进步和产业结构优化升级，能源结构也在逐步向优质、高效的方向发展。随着勘探开采的技术逐步提高，能源结构经历了薪柴—煤炭＋石油—油气为主的演变过程。在电力供应方面，发电设备的技术含量不断增加，实现了煤电、水电、核电、风电及太阳能发电等多元化的能源供给。

（三）能源价格和绩效

近年来，国际能源市场投机因素增加，宏观经济及地缘政治局势都出现了新的不确定因素，导致国际能源市场出现动荡。国际能源价格的波动导致财富在能源出口国和进口国之间重新分配，对世界政治、经济格局产生了较大的影响。石油主产区国家凭借其能源优势，大量出口能源，获取了巨额财富，同时又积极开展能源外交，在一定程度上改善了对外政治经济关系；石油进口大国为了避免能源成为制约经济发展的瓶颈，加快了占有和获取能源的步伐。在国际能源贸易方面，能源的生产和消费也发生了明显变化：在生产过程中，传统能源的比重将不断下降，而新能源的比重日趋上升；在消费过程中，高能耗、高污染、高排放产品的比重不断下降，而低碳产品的比重日趋上升。

1.完善能源价格的体系

能源价格通过影响其产品成本而进一步成为影响单位产品能耗的一个重要变量。

能源价格对单位产品能耗的影响包括两方面：一是产出效应，在完全竞争市场中，能源价格上升会增加高耗能行业的投入成本，企业就会紧跟资源价格随之上调产品价格，产品价格上涨将导致部分高耗能产品需求减少；二是替代效应，如果能源与其他生产要素相比价格更高，为了降低生产成本，生产者会寻找更廉价的替代能源或选择更高效的节能技术，从而促使能源强度下降。因此，提高能源价格是抑制高耗能产业过快发展，促进节能减排和降低能源强度的最有效手段。

能源为国民经济发展提供动力，是关系国计民生的重要基础产业和公共事业，即是生活资料也是生产资料。在现代社会中，作为基本燃料的煤炭、油气、电力等能源与企业经济活动和居民生活直接相关，导致了能源价格改革的重要性、复杂性和敏感性，既影响经济发展，又影响社会和谐与稳定。另外，能源行业大部分被国有企业所垄断，使得政府可以有效控制能源价格。但从经济学角度看，垄断往往会导致能源价格偏离其真实价格，能源价格过低容易出现超额需求，即供应无法满足消费者需求，这是因为价格调低以后，能源行业相应的能源供应量就会减少，而消费者的需求却持续攀升。如果能源供应长期不足，不仅容易导致消费者的心理恐慌，引起能源市场混乱，而且还影响经济的健康发展。因此，制定反映能源成本的价格是调整经济结构和实现经济可持续发展的重要保证，走能源产业市场化道路是未来发展的主要趋势。

2. 改革能源价格的机制

价格机制是市场经济中优化资源配置的主要机制，也是国家宏观调控的重要手段。能源价格改革主要包括两个方面：一方面，在市场经济体制下，深化资源性产品价格和税费改革，建立反映市场供求状况、资源稀缺程度和环境治理成本的价格形成机制。合理的能源价格体系，不仅可以提高能源的使用效率，促进生产发展，改善国内资源类企业的盈利水平，加强抵御风险的能力，还可以在一定程度上遏制人们对能源的过度消费和浪费，使能源尽可能获得充分、合理、有效的利用，进而达到节约能源的目的。另一方面，建立贴近国际市场行情的能源定价机制。能源价格上涨只能抑制部分消费者的消费欲望，而资源价格上涨的生产成本实质上是由消费者承担，不能起到对生产者在生产过程中抑制资源浪费的作用，因为能源价格的上涨被产品价格的上调所掩盖。此外，能源价格调整与国际接轨，不仅可以增加能源产业投资机会，还能吸引外资企业和民营企业投资，市场主体才会不断发展壮大。然而，能源价格调整关系到国计民生，油价和电价的变动，都会直接增加公众的生活成本，尤其是电价的上调，会给中低收入者带来很大压力。因此，在能源价格市场化过程中，必须考虑到人们对能源价格上涨的承受能力。

在能源定价方面需要平衡两个方面的利益：一方面，利用价格杠杆引导资源合理配置。竞争性定价机制下的能源价格既反映了市场供求，能源行业又能有清晰的绩效核算，能源效率也将有所提高。能源价格改革首先要突破的重点和难点就是打破国有企业的垄断，允许能源价格适当上升，其价格提升速度应该与经济和社会发展同步，保证各种能源在不浪费的情况下被合理利用，促进能源行业投资增加和鼓励最终用户节能。另一方面，在能源价格无法市场化的条件下，建立一个透明有效、可操作的价格调控机制。这就需要成立一个较高层次的宏观管理部门，改革过度集中的价格管理体制，对能源价格改革实行统一规划和管理。在有限开放、竞争不充分的市场条件下，政府有必要进行能源价格管制，不宜完全放开。在没有消除垄断的情况下放开能源价格，会使能源价格不能根据客观经济情况灵活变动，不仅会加重市场投机行为，造成能源价格失控、恶性上涨，降低资源配置效率，甚至会威胁国家经济安全。但政府干预或管制往往造成企业无法根据生产成本调整价格，最终导致能源企业的供应积极性不高。

二、推动技术发展

技术创新既是低碳发展的核心，也是提升一国综合竞争力的关键，低碳经济的竞争表现为低碳技术的竞争。近代以来，技术进步与经济发展之间的关系越来越密切，尤其在知识经济时代，经济发展主要建立在技术进步的基础上，低碳经济发展与技术进步的关系亦是如此。技术进步是应对全球气候变化和温室气体减排问题的最重要的决定因素，其作用超过其他所有因素的总和。技术进步的衡量通常采用TFP指数，即全要素生产率指数，用来反映技术进步对经济增长的贡献率。

（一）技术进步是降低能源消耗的关键要点

低碳技术的开发应用不仅可以提高生产率、能源转换率以及消费效率，而且可以消除不同能源间的技术壁垒，提高优质能源在能源消费中的比例，缓解常规能源供给不足对经济增长的约束。低碳技术又称清洁能源技术，主要包括节能技术、煤的清洁高效利用技术、油气资源和煤层气的勘探开发技术、可再生能源及新能源技术、二氧化碳捕获与埋存等领域开发的降低碳排放的技术等，它主要涉及电力、交通、建筑、冶金、化工、石化等传统部门。发展低碳技术是降低碳排放强度、控制碳排放增长的重要措施。另外，低碳或无碳技术的研发规模和速度决定未来温室气体排放减少的规模。

（二）技术进步对节能和减排的影响不同

节能不是简单地减少能源使用，也不能以降低人民群众的生活质量为代价，根本上要通过采用先进技术提高能源利用效率，因此，节能的政策效果作用潜力还有待发挥。技术进步从供给和需求两方面影响节能减排：一方面，新技术、新工艺、新材料和新设备的广泛使用使能源消费更加集约高效，技术进步推动了太阳能、风能、水能、生物质能等清洁能源的开发和利用，降低了煤炭等化石能源的开采率，因而从供给方面放松了能源的"存量约束"；另一方面，低碳技术进步将提高煤炭等传统能源效率，降低单位产品和服务的能源消耗，因而从需求方面放松了对能源的"流量约束"。不同的市场结构也会通过技术溢出效应而影响节能减排：在完全竞争条件下，企业可以自由进入和退出市场，企业要想取得竞争优势必须通过技术进步，以最低成本生产出最高质量的产品，这会在无形之中促使企业提高能源利用效率；当市场处于完全垄断状态时，垄断企业作为市场上唯一的供给者，可以通过控制产品数量操纵市场价格等手段获得超额垄断利润，因此，垄断企业将缺乏技术创新的动力和积极性。

从当前来看，宏观经济学主要从两个方面探寻技术进步与节能减排的内在联系：一是能源价格变化对技术创新的"诱致性作用"。能源价格上升将激发和诱导技术创新，进而提高能源效率。二是在开放的市场中，能源价格上升会导致与能源相关的产品价格上涨，生产者会寻求替代产品或选择能效更高的技术，产生"替代效应"。不同能源形式之间存在竞争关系，研究表明，竞争性能源之间存在替代关系。随着能源价格上升，人们更倾向于使用价格相对较低和能效更高的产品，例如低排放、低耗油汽车，节能空调，节能冰箱等。

（三）技术进步溢出效应对能源效率的影响

技术进步中的 R&D 投入、人力资本和 FDI 是影响能源效率的重要因素，这些因素对能源效率的积极影响趋于长期稳定。在经济全球化背景下，发达国家的跨国公司是经济全球化发展的主力军，在低碳经济发展中扮演着双重角色：它们既是碳排放大户，又是主要的低碳投资者。一些发达国家通过跨国公司的全球性联合、兼并和扩张，进一步拓展其规模，发展高度集约型经济，使其低碳产品竞争力始终处于世界领先地位。作为全球低碳经济发展的重要助推器，跨国公司可以通过改进本国和国外业务生产流程，提供更加环保的产品（如节能电器、低碳交通工具等）和低碳服务，提供急需的资本和先进技术，为减缓全球气候变化做出努力。

以跨国公司为载体的 FDI 已成为低碳技术传播的主要渠道，跨国公司的投资和技术引进将有利于低碳技术的传播、扩散与技术改进。FDI 的增加，一方面促使外资企业采用先进的能源加工转换技术，直接促进了整个行业的能源加工转换效率的提高；另一方面，外资企业的技术溢出效应可以增强本地企业能源加工转化的技术能力。

FDI 对碳排放强度尤其是工业碳排放强度的降低具有显著的作用。首先，外资企业在低碳技术、低碳生产工艺以及能源利用技术向东道国产生溢出效应，可以显著降低东道国的碳排放强度；其次，第二产业产值占国民经济比重与碳排放强度存在正相关关系，即随着第二产业 FDI 比重的下降，第三产业 FDI 比例的上升，FDI 产业结构的优化有利于降低碳排放强度。但由于市场垄断的出现，技术进步往往存在市场失灵，因此需要引入相应的政策约束或激励措施来纠正市场失灵。主要通过政府调控和市场调节两条途径来纠正市场失灵：在政府调控方面，要进一步增加低碳技术的 R&D

投入、加速人力资本形成和引进 FDI，为市场提供具有竞争力的节能技术来推动技术创新；在市场调节方面，市场调节机制不仅能够引导和激励企业的 R&D 投入和人力资本的引进，而且通过"干中学"效应促进新兴技术的成熟与扩散。

（四）技术进步对碳排放的影响具有显著效应

一项新技术的产生，不仅能够直接带动社会经济的发展，还能够带动相关技术的发展；当该技术进入衰退期，其他相关新技术的发展如果能够积极投入生产活动中，则技术进步对经济产生的积极效应就能够长期维持。就经济发展阶段而言，在经济的起步阶段，技术进步主要通过提高劳动生产率、扩大经济规模等促进经济增长，经济活动所产生的二氧化碳是不断增加的。当经济进入高速增长阶段，二氧化碳排放超过了环境容量，资源、环境矛盾开始凸显，技术进步除了促进经济增长之外，还需要维持生态平衡，即此时技术进步的首要任务是协调经济增长与碳排放之间的关系，这一时期技术进步对碳排放的影响比较复杂。一方面，生产技术进步推动了工业化的发展，碳排放量持续上升；另一方面，技术进步通过调整产业结构、改善能源结构、优化资源配置等提高能源生产率，从而抑制碳排放的增长。当经济发展到一定程度进入平稳增长阶段，工业中的碳排放对环境的影响日益减弱，技术进步的主要任务是降低人们生活中的碳排放。技术进步可以降低生产过程中对环境的破坏程度，但技术进步对经济增长和社会福利的影响并非完全为正，重大技术变革会给企业带来巨大挑战，企业需要进行相应的战略调整以适应新的发展需要。

三、能源管理体系

节能减排是一个具有综合性、系统性、复杂性的工作。如果缺乏相互联系、相互促进的能源管理理念、运行机制和方法，就会造成能源开发无秩序、使用无依据、管理无计划、节能无措施、浪费无监督等一系列严重后果。单纯地依靠节能技术和先进装备不能从根本上解决能源供需矛盾、能源浪费和环境污染等问题，应用系统的管理方法降低能源消耗，提高能源效率，加强能源体系管理建设是顺利开展节能减排工作的关键。

能源体系管理分为宏观管理和微观管理。宏观管理是指政府及有关部门通过对能源的开发、生产及消费的全过程进行准确检测和科学分析，采取相应的行政干预和市场调节措施来治理能源消耗所产生的各种污染问题；微观管理是指企业对能源供给与消费的全过程进行的计划、组织、控制和监督，提高能源产业链的运行效率。

由于世界各国的经济发展水平、发展阶段、技术实力、政治体制和文化传统等存在一定的差异，因此，各国的节能管理模式也不尽相同。一般而言，市场经济国家以市场调节手段为主，以行政干预为辅；少数国家则以行政干预为主，以市场调节为辅。行政干预是国家通过政府机构，采取强制性的行政命令、指示、规定等措施，对经济进行调节和管理。但由于行政干预往往缺乏灵活性，不同规模的企业自身条件及节能减排的基准点不同，不同厂商的边际减排成本也存在差异，因此，政府无法设定合理的节能减排标准，导致部分企业被迫以较高的减排成本执行。

此外，行政干预需要政府全面了解企业生产排放的有关信息，但由于信息不完全或信息不对称，政府不一定能够及时获取各企业产生污染的所有信息，将导致政府干预不能达到预期效果。与行政干预相反，市场调节能够合理地配置资源，使企业可以根据市场需求合理安排生产。市场调节的优点包括：一方面，市场调节更具灵活性，企业可以选择最合适的生产方式达到规定的减排量，以最小的成本减少污染排放；另一方面，在市场经济体制下，企业可以根据市场价格，选择各种技术之间减排量的最优配置。但是，市场调节是一种事后调节，具有自发性、盲目性和滞后性等缺陷，往往容易造成周期性经济波动和经济总量失衡。因此，应将政府干预与市场调节有机结合起来，发挥"看不见的手"和"看得见的手"的综合作用，实现节能减排与经济发展的双赢目标。

在政策缺位的市场环境中，化石能源的开发利用和对环境产生的负外部性不是由开发利用的经济主体所承担，就会造成资源和环境低价进而引发资源滥用。而节能减排、开发利用可再生能源以及减少温室气体排放行为所产生的正外部效应却无法返还给相应的主体，从而不能通过降低其在市场经济中的高成本来促进其相对于化石能源的竞争优势。

市场机制本身的缺陷需要政府这只"看不见的手"来弥补，发挥国家在资源配置方面的宏观调控和计划的强制干预作用。一是政府通过相应的政策将化石能源的市场价格维持在适当的水平，减少能源价格波动对宏观经济的影响；二是对于高能耗、高排放、高污染的企业，政府可以采取强制性的行政或法律手段，要求企业严格按照国家清洁安全标准进行生产；三是对于未达到预定减排目标的企业，政府可以对其征收一定数量的罚款，对于那些能耗高、污染严重、没有发展潜力的企业，政府可以建议其停产或关闭。

强有力的行政手段虽然效果显著，可以解决一部分问题，但由于缺乏持久性和灵活性，提高了节能减排成本，降低了经济运行效率，这与市场经济条件下政府的地位不一致。企业作为节能减排的主体，主要通过合理组织生产、合理分配能源、加强能源购进管理、加强项目的节能管理和规章制度的落实等方式来实现。在政府与企业的关系上，政府要对企业采取适度干预的措施，重点是建设促进节能减排的市场机制，形成政府与市场的合力，严格有效地控制高耗能、高污染行业的过快增长。节能减排市场机制的建立具有一定的时间性，往往赶不上环境管理的需求。在企业节能减排工作动力不足，且粗放的经济增长方式又难以为继的情况下，政府理所当然地从外部成为企业节能减排的首要推动者。

多数发展中国家正处于体制转轨时期，还没有建立完善的市场经济体制和能源管理体系，不能充分发挥市场在能源管理中的作用。与民营企业和外资企业相比，国有垄断下的能源行业效率偏低。因此，推动能源行业产业市场化成为提升能源管理效率的重要路径，主要包括：一是进一步理顺政企关系；二是细化国有企业产业链，对资产进行重组和整合，实现国有资本的规模效益和资产管理的统一性；三是引入能源市场竞争机制，鼓励民营资本进入能源行业，适当降低国有控股的比重；四是强化结构治理，提高资源配置效率；五是为企业营造一个公平、公开、公正的竞争环境，维护各类企业的合法权益。

四、发展能源替代

从能源的发展历程来看,在不同的历史时期,能源开发和利用的形态、种类和数量都是不断发展变化的。化石能源资源的有限性、可耗竭性及其在使用过程中对环境产生的负效应,增加了经济系统的脆弱性和不稳定性。在全球能源资源面临枯竭的大背景下,寻找更加环保、高效、清洁的替代能源,缓解能源短缺问题,成为多数国家重要的发展方向和一项长期的战略任务。

能源替代主要通过改变能源与其他非能源的投入比例或对能源消费结构进行调节,以达到降低能源消耗成本、提高能源利用效率的目的。在能源供给面临资源约束的条件下,发展以"节能降耗"为中心的能源替代,是提高能源效率、解决能源供需结构性矛盾、保障能源安全、减轻环境压力及实现可持续发展的有效途径。能源替代分为内部替代和外部替代。

能源内部替代是新能源和可再生能源替代常规能源,主要是指随着能源消费结构的优化,以太阳能、水能、风能、生物质能、地热能和海洋能等可再生能源替代煤炭、石油、天然气等不可再生能源。能源内部替代取决于科学技术水平,技术演进的周期性决定了能源内部替代的长期性。能源的内部结构、新能源和可再生能源的开发和应用程度对能源内部替代的影响较大,能源结构优化涉及工程技术性问题。

能源外部替代又称要素替代,主要包括能源、资本、劳动力在内的社会资源有效配置问题,能源外部替代往往通过资源的优化配置而达到,具有明显的经济性特征。在能源相对价格变化的基础上,通过调整其他生产要素的投入比例来实现能源投入的边际生产最优化。因此,能源外部替代可以在短期内通过要素的重新组合配置来实现,具有弥补能源短期缺口的灵活性。能源同劳动力、资本一样都是经济生活中重要的生产要素,在一定的技术条件下,能源可以被劳动力、资本等生产要素所替代。因此,在受到化石能源的"存量约束"和外部输入的"流量约束"下,可以通过增加劳动力、资本等要素的投入减少生产过程中化石能源的使用量,减少经济对能源的依赖和能源价格波动的影响。

（一）能源替代对低碳经济的影响

大力发展可再生能源，提高清洁能源比例，是发展低碳经济的重要途径。政府要利用能源价格对经济的影响力，增加对可再生能源产业的政策和财政支持力度，调动企业对可再生能源产业投资的积极性。为了减少煤炭、石油、天然气等化石能源消耗，政府要适当提高化石燃料价格，对化石能源的开采和进口发放许可证，提高污染排放标准，增加资源开采税和燃油税等。此外，还要对可再生能源产业给予一定的财政支持，通过减免税收、价格补贴、研发补贴等，促进可再生能源产业的稳定发展。

（二）能源替代的主要形式分析

不同要素之间相互替代的难易程度用替代弹性来表示。两种生产要素的替代性越高，弹性值越大；反之，弹性值则越小。当两种生产要素为替代关系时，增加一种生产要素的投入，必定导致另一种生产要素投入的减少；当替代弹性为0时，说明两种生产要素不能互相替代，当一种生产要素可以被另一种生产要素完全替代时，两者的替代弹性为无限大。随着人类经济发展和能源利用技术的提高，能源利用形式也发生了变化，能源使利用沿着高碳到低碳、低效到高效、不清洁到清洁、不可持续到可持续的方向发展。根据能源经济学的能源替代理论，能源外部替代的主要形式包括以下方面：

1. 劳动力与能源替代

探究劳动力与能源替代的范围、替代程度的合理性及客观规律。在多数发展中国家，其产业结构具有劳动力密集型特征，这是因为发展中国家经济基础薄弱、人口众多，为了发展国内经济，往往采取优惠的招商引资政策，吸引发达国家前来投资设厂。发展劳动密集型产业成为发展中国家缓解能源短缺、减轻二元经济结构下劳动力过剩形成的就业压力的有效途径。技术进步和产出效应也会提高劳动力对能源的替代，即使在没有技术进步和产出效应的情况下，单纯的能源价格上涨也会促进劳动力对能源的替代，即能源相对价格越高，劳动力对能源的替代就越明显，借助劳动力替代能源的空间就越大。在当前技术水平下，相当一部分劳动力仍然无法被资本和技术所取代，即使能被取代，对于技术落后、资本短缺而劳动力相对丰富廉价的发展中国家来说，使用资本、技术的成本往往高于使用劳动力的成本。

2.资本与能源替代

在不同时期，资本和能源呈现互补或替代的不同关系。就发达国家而言，在经济发展初期，由于能源价格低廉，资本和能源是互补的，通过增加资本投入来替代能源可能会因为能源缺乏需求弹性而达不到预期的效果；随着能源的耗竭，能源价格不断上涨，节能技术的大量使用和节能资本的投入使得能源消耗减少，资本和能源之间表现为替代关系。资本和能源之间的替代关系表明：能源价格变动是影响节能投资的重要因素，通过提高能源价格迫使企业进行节能投资，能源效率的提高抵消了能源价格上涨的影响，抑制了需求反弹，资本对能源的替代将更有效率。受资本稀缺性的限制，企业进行大规模的生产技术革新和设备更新换代需要付出高昂的成本。因此，在劳动力资源相对丰富而资本较为稀缺的情况下，绝大多数厂家会选择雇用更多的廉价劳动力，减少资本投入，以达到降低生产成本、扩大生产规模的目的，从而导致资本对能源的替代性减弱。而对于资本供给相对充足的经济体来说，在能源进口受到国际政治经济环境制约的情况下，通过资本对能源的替代，不仅可以解决过剩资本投资问题，而且还能优化产业结构。

3.可再生能源与不可再生能源替代

用可再生能源替代化石能源是一种相对更优、更理想的选择。目前全球至少有50个国家制定了促进可再生能源利用的政策，发展可再生能源是实现能源利用多样化和经济可持续发展的必然选择。实现经济可持续发展的有效途径是：在减少不可再生能源使用的同时，加强可再生能源的替代投资，建立补偿机制，改善能源系统的消费结构，使能源需求或消费曲线达到一个稳定状态。近年来，随着国际油价的持续增高，各国积极开发新能源，加快了对不可再生能源替代的步伐。可再生能源在研发过程中的高额投入以及使用上的局限性，使得其大规模推广使用仍存在不少困难。但无论是出于经济因素的考虑，还是出于能源安全方面的考虑，摆脱对传统化石能源的依赖，寻找能源替代，已成为世界各国不可回避的选择。可再生能源与不可再生能源之间的替代率很大程度上是由两者之间的成本变化所决定的。从供给和需求的角度分析，不可再生能源由于其稀缺性和可耗竭性，其价格将不断上涨。当不可再生能源价格上升时，新能源的价格优势就会越发明显，此时企业采用可再生能源的积极性就会提高；反之，可再生能源的替代优势就会减弱。

在新能源逐步替代不可再生能源的过程中，会催生新的节能技术进步。当可再生能源替代不可再生能源的比重越大时，在平衡增长路径上污染将减少。由此可见，经济的可持续发展能力在很大程度上取决于可再生能源在总能源消费结构中所占比重的提高和节能技术的进步。由于受市场价格波动、技术水平和研发成本的限制，可再生能源替代化石能源将是一个长期而艰难的过程。

五、进行制度创新

发展低碳经济，不仅需要科技创新，更需要政策法规制度的促进和引导。温室气体及其排放空间是全球公共物品，具有消费的"非排他性"和"非竞争性"，即环境资源产权的模糊性。在环境资源产权模糊的情况下，本应该由经济主体承担的私人成本全部转嫁给他人或社会。由于缺乏有效的激励或约束机制来调整经济主体的经济行为，经济主体往往将环境资源当作免费的物品，削弱甚至完全丧失了控制排污的动机。环境污染的负外部性的产生，使得完全竞争市场下的资源配置不可能达到帕累托最优状态。为了追求更多的利润，经济主体会放任自己的行为，加剧环境污染和生态破坏。据此，只有将环境污染的负外部性与产权制度联系起来，建立一套清晰的环境资源产权制度，真正落实经济主体对环境资源的有偿使用，依靠私人行为来解决负外部性问题。

制度创新是一种利益诱导行为，即取决于预期收益和预期成本的比较。当预期收益大于预期成本时，制度创新就会发生，通过制度创新提高生产率和实现经济增长。制度创新尤其是政府制度创新有利于促进经济发展，通过制度创新使本国摆脱传统路径的依赖，进而通过基础性的社会变革来实现经济发展。要提高整个社会的福利水平，必须从产权安排、交易成本、游戏规则和组织体系四个方面着手来创新制度。在制度创新过程中，政府角色的重新定位是其中的核心，因为政府知识的有限性决定了其政府职能的有限性，因此，政府要做到"有所为，有所不为"，提高政府职能的科学性和人文性。低碳经济发展过程中的所有制度安排的最终目的是解决发展过程中出现的问题，如果没有经济发展和社会进步，那么，向低碳转型就没有任何意义。在经济全球化条件下，为了更好地推动低碳经济发展，政府应转换政府职能，充分发挥政府的宏观调控作用，建立规范有效的市场机制，为中国低碳经济发展提供良好的制度和市场环境。

（一）构建向低碳经济转型的激励机制

制度激励是通过制度创新或政策支持提高碳生产率。市场经济有利于促进低碳经济的发展，但由于外部性的存在，导致政府监管不到位，多数微观经济体产生减排惰性，不利于整体经济的低碳发展。所以，为了避免这些问题，政府在低碳发展中必须充分发挥制度规制作用。一方面充分调动微观经济主体的减排积极性；另一方面有效改善市场环境，充分释放资源的生产率。通过制度激励，不仅可以大幅降低减排成本，还能有效减少碳排放。

（二）建立碳排放权交易制度与征收环境税

碳排放交易制度是指由排放二氧化碳的经济主体承担其社会成本。因为环境容量或排放权是一种稀缺资源，在实行"总量控制"的条件下，通过可交易的排污许可证使排污资格产权化，通过市场价格竞争机制实现资源优化配置。环境税是为污染而支付的一种价格，通过征税来弥补私人边际成本与社会边际成本的偏差，把环境污染和生态破坏的社会成本内部化，然后通过市场机制分配环境资源的一种经济手段。碳排放权交易制度与环境税一样，都是一种基于市场的管制工具，是市场机制下调节市场失灵的一种手段。前者是先由政府确定排放价格，然后由市场决定碳排放量；后者是先由政府确定允许排放的总量,然后再由市场决定排放价格。

由于减排成本的不确定性,减排的政策设计可能不同。一般情况下,边际成本随着碳排放的增加而增加,其曲线相对陡峭,边际收益曲线则相对平稳。碳减排的边际成本曲线之所以比较陡峭是因为在当前的经济发展水平下,减排能够在多大程度上减缓人类因过去排放过量二氧化碳所产生的气候变暖进程是未知的,也没有现实、科学的数据可供参考。例如,在现有的技术条件下,短时间内减少温室气体排放的最有效途径就是停止一切经济活动,这意味着以牺牲经济发展为代价来减少温室气体排放,其成本是相当高昂的,在经济上是不可行的。因此,温室气体减排的边际成本曲线相对陡峭是合理的。

根据经济学原理,当边际成本等于边际收益时,是实现减排目标最经济、最有效方法。在减排边际成本确定的情况下,碳排放权交易制度、环境税都是有效的减排手段。但如果存在不确定性,边际成本曲线和边际收益曲线的斜率,取决于碳排放权交易制度和环境税的相对效率。如果边际成本曲线相对平稳,而边际收益曲线很陡峭,碳排放权交易制度比较有效,反之则无效。

六、低碳消费方式

发展低碳经济不仅要在生产领域加快淘汰落后产能,推进节能减排和技术创新,而且要在生活领域对不合理的消费方式进行调整和优化。消费方式是指在一定的社会经济条件下,消费者为了实现其需要,通过一定的方式与消费资料相结合,实现消费的自然形式与社会形式的有机统一。消费方式是消费者的一种心理诉求,反映了消费者的消费习惯、消费价值观和消费偏好,是一种社会文化现象。受经济发展水平、社会因素、文化因素、收入水平、个人偏好等方面的影响,不同国家或地区的消费方式会有差异。低碳消费与人们的日常生活密切相关,包括穿衣、饮食、居住、出行、家用、娱乐、办公等各个方面。有关数据显示,中国居民生活能耗占每年全国能源消费量的40%,一部分居民的无节制的生活行为造成了大量的能源浪费。因此,应充分挖掘生活消费领域的低碳潜力,倡导低碳消费,反对铺张浪费。

低碳经济是全球经济发展的最佳模式之一，而低碳消费方式是低碳经济的重要内容。高碳消费方式是一种粗放型的高能耗、高污染、高排放、高浪费的生活方式。低碳消费方式与高碳消费方式是相对应的概念，低碳消费方式是在一定的生产力水平下，消费者的消费理念与消费资料相结合的方式。在生活领域，低碳消费是人们购买并消费符合低碳标准的产品或服务，以对社会和后代负责任的态度在消费过程中实现低能耗、低污染和低排放。

作为一种高质量的消费方式，低碳不是降低消费水平，而是转变消费观念，在低碳消费观念的指导下，人们的经济需求、社会需求、生态需求、文化需求等都得到满足，生活质量逐步提高。生活质量是显示个人或团体社会福利状况的重要指标，生活质量的好坏不仅体现在人的精神文化等高级需求的满足程度上，还包括环境状况，如果人类不改变自己的生活方式，仍然无节制地排放温室气体，那么环境质量会越来越差，最终导致人们的生活质量严重下降。在环境资源日益稀缺的今天，低碳消费方式是一种提高生活质量的更好的手段和途径。

（一）转变消费观念，构建生态型消费模式

中华人民共和国成立以来，居民的消费模式经历了很大转变。随着中国对外开放的不断扩大，与国外经济交往和文化交流的机会增多，出现了许多非理性消费倾向。低碳消费方式是建设资源节约型、环境友好型社会的重要内容，而生态型消费为构建低碳消费方式提供了有益启示。在资源约束的条件下，应当从转变消费观念入手，改变当前一些人的超前消费、盲目消费和奢侈消费观念，倡导理性、健康、科学的生态型消费理念。在维护生态系统平衡的前提下，构建符合生态文明发展要求的消费模式，其最终目标是：既能满足人们日益增长的多元化消费需求，又能实现生态环境改善及经济社会的可持续发展。

生态型消费模式是符合生态文明建设的理性、科学、健康、节约、环保、生态化消费方式，其显著特征是在人们的日常消费过程中，以生态资源的环境承载力为前提，以人与自然、人与人、人与社会的和谐共生为消费理念，尽量减少环境污染，降

低资源消耗。传统工业文明所形成的消费模式在给人们带来物质享受的同时，也使得人类对自然资源和环境的压力增加，激化了人与自然的矛盾。因此，要建设生态文明，必须对传统的消费模式进行变革，在消费方式上，从挥霍型消费向节约型消费转变；在消费性质上，从不公平消费向公平消费转变；在消费结构上，从片面追求物质消费向追求物质消费与精神消费协调的方向转变。

生态型消费是低碳消费的一个重要内容，它主要是针对当前能源消耗量大、二氧化碳排放不断增多、环境污染日益严重情况下提出的一种可持续消费模式。低碳消费的实质是节约能源、减少碳排放。低碳消费方式促进生态文明建设的作用主要表现在两个方面：一方面，提倡低碳消费就是倡导节约型消费，追求低能耗、低污染、低浪费，崇尚适度消费、文明消费和绿色消费，反对过度消费和不当浪费，从而可以直接减少资源消耗；另一方面，低碳消费通过现实消费需求引导低碳生产的发展，同时又通过消费市场上消费需求的有效实现进一步推动低碳生产的发展。低碳消费对于人类的全面发展和促进人类社会进步具有重要意义。

（二）构建政府、企业与居民的联动机制

构建低碳消费模式，既需要政府部门的关注，也需要企业和个人的积极配合与行动，关键是要形成政府、企业、居民的三方联动机制。

首先，从政府的宏观经济管理层面来看，低碳消费方式的推广和普及，需要政府合理的政策引导：一是政府要加大低碳消费的宣传力度，充分利用各种电视、广播、网络等媒体资源优势，鼓励更多的民众、学校、社会民间组织举办各种类型的生态文明宣传和教育活动，培育全民低碳意识，营造低碳消费的文化氛围，使低碳观念逐渐深入人心。二是政府要制定和完善低碳消费的相关法律法规，对于实施低碳生产的企业，给予贷款、税收、补贴方面的支持和优惠，鼓励企业积极开发低碳产品。三是政府要建立健全低碳消费的制度体系。各级政府要将应对气候变化、促进低碳发展作为经济社会发展的重要内容，制定相应的政策，对低碳生产和消费实行严格的监督管理。

其次，从企业的中观层面来看，要求企业推行低碳经营的理念，强化社会责任，成为推动低碳生产和低碳消费的"桥梁"。一方面，随着社会低碳消费意识的增强，必然要求生产者不断调整经营方向，企业必须研发和生产供应更多的低碳节能产品与服务来适应消费者新的需求。只有获得消费者的认可，企业才能在竞争中处于有利地位，为广泛、深入地推行全民低碳消费方式奠定基础。另一方面，企业作为资源消耗的主体，要生产节能环保产品，就必须进行技术革新，主动减少能源消耗，最大限度地提高资源利用率。但与此同时，企业也是推行低碳消费方式的"瓶颈"，因为企业是能源消费和碳排放大户，随着社会低碳消费意识的增长，低碳产品需求也相应增加，促使企业不得不进行技术革新，降低能耗、提高能源利用效率。实现企业生产的低碳化是一项长期而艰巨的任务，需要企业树立节能减排的责任意识，投入一定的资金和人力加快节能技术创新，降低企业单位能源消耗和污染物排放。

最后，从居民的微观层面来看，居民要树立低碳消费观，在生活中培养自己的低碳节能意识，在提高生活质量的同时，使环境质量得到有效改善。低碳消费观念的培养和形成不是一蹴而就的，因为人们的消费观念是在一定的社会生产力发展水平及社会、文化背景下形成的。一种消费观念一旦形成，往往很难改变，将长期支配和影响着人们的消费行为。发展低碳经济，就必须逐渐改变公众那些习以为常的能源浪费、增排污染的消费意识和消费习惯，充分发掘生活领域节能减排的巨大潜力。

第四节　低碳产业链与我国低碳经济推进的路径探索

调整产业结构、推动低碳经济发展，已经成为世界各国谋求新一轮国家竞争优势的关键战略。在化石资源面临枯竭、传统经济发展模式难以为继的情况下，拥有世界先进减排技术、掌控国际经济话语权的国家开始谋划国际贸易的新方式。通过碳关税、碳交易主导国际经济贸易秩序，成为未来发达国家控制和遏制发展中国家经济发展的重要手段。以积极的姿态应对低碳经济转型，强化低碳经济时代的国际经济贸易话语权，提升产业绿色竞争力，是今后较长时期我国经济社会发展的重要研究内容。

一、低碳经济与产业链的协同行动

"低碳经济的实现是从整体层面来测度的，判断一个国家或地区的碳排放密度也是从总体上而言的。"[①]对我国经济而言，实现由"高碳"时代向"低碳"时代的跨越，不仅取决于产业结构的优化——积极发展具有低碳特征的产业，还取决于产业链条的协同行动——打造低碳产业链。

第一，从经济结构调整的进程来看，以第二产业为主的经济结构仍将在未来较长时间主导我国经济发展。产业结构的调整是一个渐次推进的过程，优化产业结构，构建以低碳经济为主导的现代产业体系，需要在推进战略性新兴产业发展、逐渐淘汰高能耗产业和落后产能的过程中逐渐实现，这一过程需要较长的时间。从我国在国际产业中的分工和产业发展的现实可知，在保持国民经济稳步发展的前提下，产业结构的调整升级，绝对不能以放弃长期以来支撑我国经济快速发展的制造业为代价。我国仍处在工业化和城镇化的阶段，必须加强制造业，特别是劳动密集型产业的发展，创造大量的就业机会，这是一个不可能被跳过的阶段。以第二产业为主的经济发展模式，仍然会在较长时期主导我国经济的发展。

第二，从我国能源消费的集中度来看，高能耗产业占我国总能耗的比例进一步增强，降低传统工业部门碳排放比率仍是重心。目前，我国发展低碳经济的着力点应当放在产业经济部门，使产业经济低碳化。从我国六大高能耗产业（石油加工、炼焦及核燃料加工业，化学原料及化学制品制造业，非金属矿物制品业，黑色金属冶炼及压延加工业，有色金属冶炼及压延加工业，电力、热力的生产和供应业）的能耗占我国总能耗的比例来看，能源消费的集中度进一步增强。由此可见，如何在传统工业部门

[①] 文龙光，易伟义. 低碳产业链与我国低碳经济推进路径研究［J］. 科技进步与对策，2011，28（14）：70.

降低碳排放比例，对实现低碳经济具有指标性价值，在未来一段时期，降低传统工业碳排放比率仍是重心。

第三，从产业链条的碳排放分布来看，产业链低碳化实现的程度取决于产业链各环节的协同行动。产业链是一个从原材料供应到产品设计、生产再到销售的过程，涉及产品设计、采购、生产、包装、运输、销售等所有环节。不管是传统产业还是新兴产业，低碳化目标的实现之所以需要产业链条的协同行动，是因为整条产业链都会在产品生产、加工或运输的过程中产生碳排放。可以说，只有产业链各环节协同行动，才能有效降低碳排放的数量和额度。产业链的绿色程度将在未来决定产业链的竞争力，也将决定产业链涉及环节特别是最终产品的竞争力。打造全程低碳产业链，成为越来越多的企业或产业谋求市场竞争力的重要手段。

二、低碳产业链的本质内涵分析

产业链产生于上下游产业之间的联系，上游企业向下游企业输送产品或服务，最终形成一个功能完善、服务健全的产品或服务支撑链。这种联系源自专业化分工，分工使得处于不同环节的企业因为对产业链的整体责任而发生联系。在传统经济发展模式下，这种联系主要是功能适应和低成本追求。在低碳经济时代，降低碳排放的密度，打造全程低碳产业链成为产业链上所有环节的共同责任。所谓低碳产业链就是在产业链涉及的所有环节推行低碳运行，从研发到制造，从包装到运输，从产品到服务，都以严格的低碳标准作为衡量尺度，推出真正的低碳产品，满足消费者的低碳消费需求，形成产业链整体的绿色竞争力（如图4-1所示）。

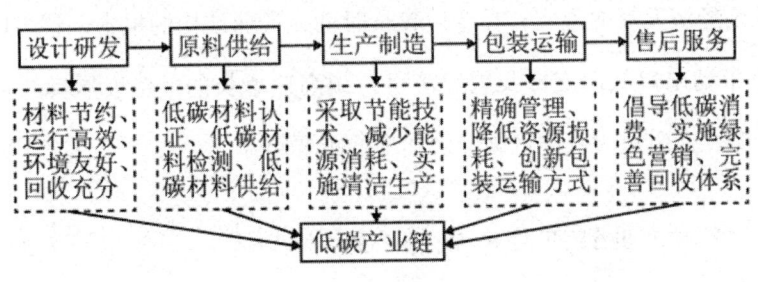

图4-1　低碳产业链

低碳产业链的考量要以产业链整体为测定对象，考察产品生产过程中所有环节的碳排放度和绿色程度。这一考量可以是横向的比较，即特定的产业链相对其他区域或行业的类似产业链而言，碳排放密度是高还是低；也可以是纵向的比较，即相对产业链过去的碳排放密度而言，碳排放降低的程度如何。测定产业链碳排放降低的程度，要综合考量产业链的整体情况，可以根据各个环节的碳排放密度、相关减排措施降低碳排放的数量和额度、该环节在整个产业链中的比重，来计算产业链低碳化实现的程度。

三、低碳产业链视角的低碳经济推进

低碳经济的推动主要有三条途径：①进行产业结构的调整，积极发展战略性新兴产业或第三产业等具有低碳特征的产业；②发展具有可再生特点的清洁能源（如电、太阳能等）或高效利用化石能源；③广泛采用节能技术，从产业链全过程推动低碳产业链的实现。事实上，低碳经济的推动需要"三管齐下"，即产业结构调整、能源结构优化和低碳产业链构建（如图4-2所示）。

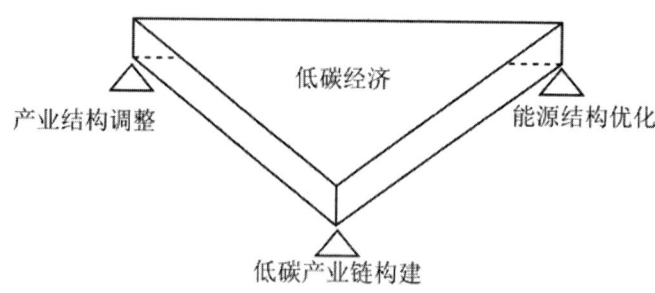

图4-2 低碳经济的支撑要素

基于我国经济发展的现实，在今后较长时期，产业结构的根本调整难以实现，以加工制造业带动出口从而支撑我国经济可持续高速增长的经济发展模式依然持续存在，构建低碳产业链成为我国低碳经济实现的重要路径。

（一）低碳产业链下的低碳经济推进模型

低碳经济的推动需要从多方面入手，推进低碳产业链构建是重要的选择路径之

一。构建低碳产业链既体现了国家经济发展模式转变的内在要求，也体现了一个国家（或企业）在绿色经济时代谋求国际竞争力的外在要求。因此，有必要深入探究低碳经济视角的我国低碳经济推进路径的内在机理，为此，本书提出了基于低碳产业链的低碳经济推进模型（见图4-3）。

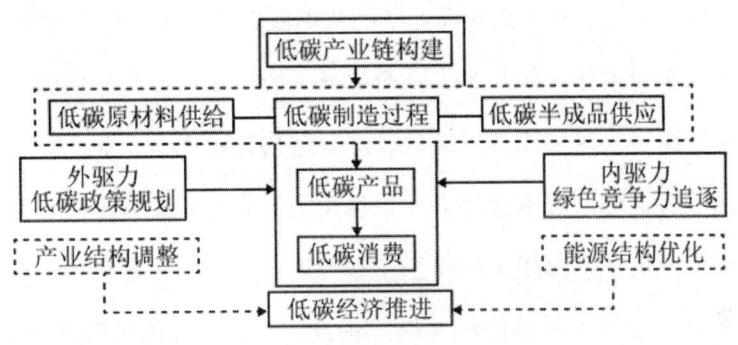

图4-3　低碳经济推进模型

从图4-3可以看出，低碳产业链的构建需要低碳原材料供给、低碳半成品供应和低碳制造过程的联合推动。从涉及的要素来看，低碳产业链的打造需要低碳原材料和低碳半成品等产业投入要素作为支撑，没有投入要素的低碳化，就没有产出的低碳化。从涉及的过程来看，低碳产业链的打造需要产业链整个过程的低碳化运行，这不但要求产业链各个环节都以低碳标准要求自己，而且上下游产业链环节之间都将低碳化程度作为供应商选择的重要决定因素。

低碳产品是低碳产业链的自然产出物——投入要素的低碳化和生产过程的低碳化必然带来低碳产品的产出，由此形成产业绿色竞争力。然而，绿色竞争力并不能自然转化为市场竞争力，这一转化过程需要低碳消费观念的形成，即低碳消费成为时尚，消费者愿意为低碳产品支付更高的价格。

低碳消费拉动低碳产业链的形成，然而这种拉动力并非低碳产业链形成的充分条件。低碳产业链的形成还须依靠低碳产业政策的规制和产业（或企业）本身对绿色竞争力的追求，形成低碳产业链的外驱力和内驱力。在低碳消费拉动、低碳政策规制和绿色竞争力追求的联合作用下，低碳产业链得以构建。最终，低碳产业链构建与产业结构调整和能源结构优化一起成为低碳经济实现的"三驾马车"。

（二）低碳产业链下的低碳经济推进路径

依靠低碳产业链推进我国低碳经济的实现，必须遵循客观规律，进行有效引导，让低碳产业链在形成和运行的过程中成为我国低碳经济推进的"加速器"。从低碳产业链构建的主导者来看，基于低碳产业链的我国低碳经济推进有如下路径：

第一，优势企业主导下的"龙头企业主导—协作伙伴参与—低碳产业链形成—低碳经济推进"路径。这种模式下的低碳产业链构建由龙头企业主导，这些企业往往拥有自己的品牌优势和技术优势，在绿色竞争时代希望能够延续这些优势，因此发起组建低碳产业链，要求相关协作企业参与进来，在产业链整合的过程中，低碳产业链得以实现，推动了低碳经济发展。企业从关注内部的节能减排、能源优化，转向在区域范围内寻求资源耦合，从而达到企业、政府和自然环境共同受益的目的，是一种利用系统性思维谋划低碳经济发展的有效模式。

第二，工业园区引导下的"园区规划引导—低碳产业集聚—低碳产业链形成—低碳经济推进"路径。这种模式下的低碳产业链构建源自工业园区规划的低碳引导，即通过推进生态园区建设，以低碳经济为目标进行园区低碳产业布局，推动低碳产业链集聚，形成低碳式园区发展模式，助推低碳经济实现。对工业园区而言，可以将生态设计、绿色招商、清洁生产、环境管理体系融入企业采购、生产、产品和服务的各个层面，促进资源节约和高效利用，减少污染物的产生和排放。

第三，产业升级驱动下的"传统产业升级改造—新材料新技术新工艺采用及节能环保技术推广—产业低碳化发展—低碳经济推进"路径。这种模式存在于对传统产业升级改造的过程中，新材料新技术新工艺及相关节能环保技术在产业内被强制推行，或者相关企业在逐利过程中自觉采用新材料新技术新工艺及节能环保技术，这些行为推动了传统产业的低碳化发展，加速了低碳经济推进的步伐。特别是产业集群内企业实施低碳供应链管理，涉及从设计到消费再到循环利用等整个过程，因此，整个产业联动升级更能实现低碳化发展。

四、以低碳产业链促进低碳经济实现的策略

（一）明晰低碳产业链导向，将其纳入产业发展规划

构建低碳产业链不仅对传统产业有价值，对新兴产业而言也同样有重要的意义。"绿色产业链""低碳产业链"之所以流行，是因为相对于单个企业的低碳化发展，产业链低碳化上升到了一个新的高度。可以说，打造低碳产业链应当成为所有产业的共同责任和集体使命。为此，应将推进低碳产业链纳入相关产业发展规划，作为产业低碳化发展的重要模式。同时，可以将低碳产业链构建提升为与产业结构调整、能源结构优化并行的我国低碳经济推进的重要路径，将其纳入我国低碳经济发展纲要。

（二）扶植低碳产业链发展，让绿色竞争力惠及其整体

实现产业链上下游环节的低碳协作并非易事，既需要企业本身的战略嗅觉——深刻理解绿色竞争时代竞争的新变化，又需要政府的大力扶持——积极扶植低碳产业链发展。国家有关部门应密切协作，制定全方位的产业、财政、金融政策，大力提供资金支持，引导整个低碳经济体系的发展。除此之外，政府还要在推进低碳产业链协作、优先政府采购等方面为低碳产业链发展提供更多支持，让绿色竞争力转化为市场竞争力，并且使之惠及低碳产业链整体。只有这样，才会形成更多的低碳产业链，也才会有更多的企业拥有打造或加盟低碳产业链的内在动力。

（三）倡导绿色消费，形成低碳产业链发展的拉动力

鼓励绿色消费，形成庞大的绿色消费市场和绿色消费空间，将有助于形成对低碳产品的巨大需求，从而形成低碳产业链构建的强大拉动力。据联合国统计，在很多国家，消费者对绿色产品的认同率很高，大多数人在选购商品时，会优先考虑绿色产品，并愿意为绿色产品买单。

随着低碳产业链的绿色竞争力越来越被市场认可，在竞争中凸显其价值，低碳产

业链必将会被更多的国家、区域、产业和企业重视，并加以利用和推广。推进低碳产业链构建，加速产业低碳化发展，谋取产业绿色竞争力，是低碳经济时代我国产业发展的必由之路，也是国家低碳经济发展的必然要求。并行推进低碳产业链构建、产业结构调整、能源结构优化，必将加速我国低碳经济目标的早日实现，对我国经济的绿色竞争力的提升也将起到有力的推动作用。如何推动低碳产业链构建、探索低碳产业链运作的有效模式、探寻低碳产业链发展的政策机制创新，都值得我们进一步深入研究和探讨。

第五章 全球化重塑背景下我国循环经济产业链创新

第一节 循环经济的基本理论阐释

一、循环经济的学科理论

发展循环经济是我国的一项重大战略决策，是推进生态文明建设战略部署的重大举措，是加快转变经济发展方式，建设资源节约型、环境友好型社会，实现可持续发展的必然选择。因此，循环经济的学科理论可以从以下方面探讨：

（一）循环经济的哲学理论

循环经济蕴含着一种对自然法则的基本看法，需要从哲学上予以揭示。康芒纳在《封闭循环》中提出了生态学的四个法则，即每一事物都与别的事物有关、一切事物都必然要有其去向、自然所懂得的是最好的、任何生产都是有代价的。这实际上就从哲学上揭示了循环经济的基本原理。

第一，每一事物都与别的事物有关：该法则也是哲学原理中的普遍联系观点。传统的工业经济只考虑工业生产过程本身的线性联系，是一种"资源—产品—污染排放"单向流动的线性经济，即把资源不断变成垃圾的运动，通过反向增长的自然代价来实现经济的数量型增长。与此不同，循环经济是物质闭环流动型经济，它倡导一种与地球和谐的经济发展模式，要求把经济活动组成一个"资源—产品—再生资源"的反馈式流程，所有的物质和能源都要在这个不断进行的经济循环中得到合理而持久的利用。循环经济充分考虑到工业生产整体及其各个环节的整体关联，考虑到工业生产与自然生态环境的关联，反映了一种普遍联系的哲学观点。

第二，一切事物都必然要有其去向：该法则强调，在自然界是没有所谓"废物"的东西的。对经济活动而言，人类创造的物质产品，或变成废料，或变成再生资源，总要有一个去处。传统工业经济只考虑资源的来源、生产的过程和生产的效益，而未考虑"废物"对自然生态的破坏这一"去处"，大量的物质成为地球上的多余物，它们被转化为新形式，并且被允许进入尚未考虑到"一切事物都必然有其去向"的法则的环境之中。结果大量的有害物质在自然状况下，在并不属于它的地方积累起来。而循环经济则充分考虑工业生产废物对大自然污染的，在传统工业生产的末端截断"废物"产生的趋向，最大限制度减少对自然的污染。

第三，自然所懂得的是最好的：该法则强调的是自然界的自组织、自演化、自调节的生态规律。自然生态系统在长期演化过程中存在内在的生态规律，制约着生态系统各要素，包括人的活动。该法则的生态有机规律就是生态系统自为目的、价值，是人的活动，包括经济活动必须遵循的。传统的工业经济是一种遵循因果规律的经济，而循环经济则不仅遵循因果规律，更遵循自然生态长期演化而来的自组织法则。

第四，任何生产都是有代价的：人的经济活动具有满足人类生存与发展的效益，但同时也必然要付出生态环境被破坏的代价。传统工业经济活动往往只考虑经济效益的最大化，而忽略长远的破坏生态环境的代价。循环经济则强调经济效益的获得要以对自然破坏最小的代价为前提，是生态代价最小的经济形式，强调生态环境破坏的代价大于经济收益的经济活动应该停止。

（二）循环经济的生态学理论

循环经济是经济生态化的表现形式，生态学是其最重要的学科基础。运用生态经济学基本原理指导循环经济的理论与实践，已成为学术界的共识。

1. 循环再生功能

循环经济本质要求是重新耦合生态复合系统的结构与功能。物质循环、再生利用是一个基本生态学原理,在人类大规模改造地球之前,大部分自然生态系统的结构和功能是对称的,它具有完整的生产者、消费者、分解者结构,可以自我完成以"生产—消费—分解—再生产"为特征的物质循环功能,能量和信息流动畅通,系统对其自身状态能够进行有效调控,生物圈处于良性的发展状态。工业经济和城市化的发展改变了这种格局,使不同的生态子系统从功能上分化成单纯的生产者(如农田)、消费者(如城市)和分解者(如垃圾、污水处理厂等),打破了生态系统物流、能量流和信息流的对称状态,产生了结构和功能上的问题,导致全球生态系统稳态的破坏和功能的衰退,造成一系列资源、环境、安全问题,直接影响人类的可持续发展。作为可持续发展的经济发展模式,循环经济的本质是一种生态经济。发展循环经济、构筑循环型社会的本质要求是对人类复合生态系统的结构和功能进行重新耦合,这是一项必须面对的空前庞大的生态系统工程。

2. 共生共存与协调发展

经济体系与生态系统共生关系是指生态系统中的各种生物之间通过全球生物、地球、化学循环有机地联系起来,在一个需要共同维持的、稳定的、有利的环境中共同生活。自然生态系统是一个稳定、高效的共生系统,通过复杂的食物链和食物网,系统中一切可以利用的物质和能源都能够得到充分的利用。从本质上讲,自然、环境、资源、人口、经济与社会等要素之间存在普遍的共生关系,形成一个以"社会—经济—自然"共存为特征,人与自然相互依存、共生的复合生态系统。

循环经济在复合生态系统中的三个子系统之间,强调其相互依存、共生的因素。而传统工业经济发展模式下,三个子系统则成为互为制约的因素,导致社会、经济、自然系统的恶性循环,复合生态系统走向衰退,甚至崩溃,如果不能得到及时、有效的遏制,人类的各种环境问题都会随之而来。在传统的工业体系中,各企业之间的生产、排放各自为政,生产过程相互独立,没有建立起互利共生的发展体系,这是污染严重和资源利用率低的主要原因之一。近年来发展起来的工业生态学按照自然共生系统的运作模式，规划建立工业企业、行业共生体系。工业生态学强调尽可能实现工业体系内部物质的闭环循环，建立工业体系中不同工业流程和不同行业之间的横向共生和资源共享，为每一个生产企业的废弃物找到下游的"分解者"，建立工业生态系统的"食物链"和"食物网"，通过最大限度地打通内部物质的循环路径，建立企业或行业共生体内部物质循环的链条，实现资源节约、经济效益和环境保护三赢。只有建立完善的行业间（工业、农业、服务业等）共生网络，才能保证整个社会生产系统内部资源利用效率的最大化。

3. 生态平衡与生态阈限法则

发展循环经济必须遵循的基本生态规律既然是生态系统共生的子系统，那么必须遵循基本的生态规律：生态平衡与生态阈限法则。生态平衡是指生态系统的动态平衡，在这种状态下，生态系统的结构与功能相互依存、相互作用，从而在一定时间、一定空间范围内，使生态系统各组成部分通过制约、转化、补偿、反馈等作用处于最优化的协调状态，表现为能量和物质的输入和输出动态平衡，信息传递畅通。此外，循环经济的闭环物质循环模式，本质上也是在建立输入与输出平衡、结构与功能稳定、自调节与自组织增强的复合生态系统。生态系统虽然具有自我调节能力，但只能在一定范围内、一定条件下起作用，如果干扰过大，超出了生态系统本身的调节能力，生态平衡就会被破坏，这个临界限度称为生态阈限。

在经营管理"社会—经济—自然"复合生态系统时，我们必须严格地注意生态阈限，使具有再生能力的生物资源得到最好的恢复和发展。人类的社会经济活动不能破坏生态系统的这种自我调节机制，而是要充分利用这种机制，因势利导进行人类的经济活动。例如，任何牧场的牧草生产力与载畜量都存在反馈平衡机制，在人类没有干预的情况下，这个牧场生态系统的牧草生产力与载畜量会趋于动态平衡以维持牧场生态系统的生产力。要实现复合生态系统可持续发展，人类在生产实践过程中就应尊重生态系统的自我调节机制，不能随意开发。人类应在自然规律允许的范围内进行生产活动，在对社会发展，特别是区域发展进行战略规划时，应切实发挥生态系统的自我调节机制，以保证区域发展的可持续性，进而促进整体发展的可持续性。

4. 复杂系统的整体性层级

生命系统从微观到宏观包括细胞、组织、器官、个体、种群、群落、生态系统等，组成了多层次、多功能的复杂结构。当由小的单元组成大的单元时，随着结构的复杂化，而附加新的性质，产生了新的功能和新的特征，这就是整体性层级原理。该理论的基本观点为：整体规律大于局部规律之和，局部的规律只有在整体的调节下才有意义。发展循环经济、构筑循环型社会，同样应该从系统、整体的角度着眼，综合调节和控制整体与部分的关系，统筹整体功能和局部利益，从不同层面把生产、消费、循环再生体系纳入社会循环的框架之中。

5. 生态位的形成

经济发展适当定位才有比较优势。概括而言，生态位就是生物在漫长的进化过程中形成的，在一定时间和空间拥有稳定的生存资源（食物、栖息地、温度、湿度、光照、气压、溶氧、盐度等），进而获得最大或比较大生存优势的特定生态定位，即受多种生态因子限制而形成的超体积、多维生态时空复合体。

在复合生态系统中，生态位不仅适用于自然子系统中的生物，同样适用于社会、经济子系统中的功能和结构单元。人类社会活动的诸多领域均存在生态位定位问题，只有正确定位，才能形成自身特色，发挥比较优势，减少内耗和浪费，提高社会发展的整体效率和效益，促进社会良性与健康发展。

在我国社会与经济发展过程中，存在大量的生态位重叠现象。例如，许多地区大量"移植"典型地区的经济发展模式、社会制度模式、教育改革模式等，这种现象层出不穷，造成复合生态系统中各子系统进化信息模板的高度一致和发展生态位的高度重叠，导致大部分地区失去比较发展优势，严重影响区域发展和进步。因此，利用生态位理论，可以为我们寻找社会与经济发展的机遇。

6. 生态系统服务的间接使用价值高于直接使用价值

生态系统服务是指对人类生存与生活质量有贡献的生态系统产品和服务。产品是指在市场上用货币表现的商品。生态系统服务是不能在市场上买卖，但具有重要价值的生态系统功能，如净化环境、保持水土、减轻灾害等。其实，历史早已证明，生态系统的服务价值远远超出了人们的直观理解。

生态系统服务的间接使用价值远远超过了其直接的使用价值。传统工业经济比较重视生态系统的直接使用价值，造成许多不良后果。因此，在建设循环经济和循环型社会的过程中，必须把保护和增强生态系统服务功能作为工作的重点。尤其对于目前已经超载的生态系统，必须建立能源价格、资源价格、环境价格、生态补偿规则、企业成本核算、绿色税费等制度体系，通过制度限制人类对生态系统产品的开发，把人类的活动和消费限制在生态阈限范围之内，强制恢复和保育生态系统的服务功能。

（三）循环经济的生态经济学理论

循环经济的生态经济学基础包括生态政治经济学、生态经济伦理学和生态计量经济学。

1. 生态政治经济学

循环经济不仅是技术性的运作方式，而且是一种社会生产方式，因此必须用政治经济学的观点对其进行研究。

（1）生态生产力与生态技术。从生态文化观点分析，传统教科书中将"生产力"定义为人类征服和改造自然的能力，是人类中心主义的观点，对人类而言是生产力，而对生态而言却是破坏力。过去讲生产力的标志主要是工具和工业技术。工业技术是一种人类中心主义的现代性的实践精神，技术水平越高就意味着对自然资源的破坏性越大。而依据生态文化的观点，生产力应是一种和谐地利用自然创造财富的能力。生产力包括以下三种形态：

第一，自然生产力。自然生产力是自然界没有劳动者直接介入的情况下的生产力，例如，自然资源、自然物质、能量和信息及其过程的作用或作用力。我们过去只考虑工具和人的生产力，而忽略自然本身的生产力。生态生产力则把自然生产力纳入生产力的范畴，研究自然生产力与社会生产力之间的关系。

第二，生态技术。生态技术不是一般的工业技术，而是遵循生态规律的技术，主要包括污染治理技术、废物利用技术和清洁生产技术。生态科学不仅要认识物质因果规律，更要认识生态规律形成的程序性的知识，不仅是线性科学，更是非线性科学。

第三，精神生产力。作为生产力主体的人不仅是具有工业技术文化的人，而是具有生态文化思想的人。人作为生态系统的一员，本身具有自为价值、关系价值和生态价值，要形成整体、有机、系统的思维。

（2）生态生产关系。生产关系是调整人与人之间的物质利益关系的社会结构。而生态生产关系的市场经济运行机制，超越以私有产权制度为基础的自由市场经济，探讨有利于保护生态的、以公有制为基础的社会主义市场经济运行机制。就生态生产关系而言，循环经济和生态文化对"现代产权理论"提出了挑战。西方规范的市场经济制度基础是私有产权制度局部上具有保护生态的积极意义，但整体上却不利于生态保护。以私有产权制度为基础的自由市场经济，追求短期资本利润和经济利益的最大化，它所必然带来的"负外部性"问题实际上不利于生态的保护。由此可见，社会主义公有制的生产关系较资本利润最大化的私有产权制度，更符合共生共存、协调发展、整体层级的生态学原理。

2. 生态经济伦理学

经济伦理学属于应用伦理学，也是经济学研究的延伸、扩大和具体化。生态经济伦理学则是伦理学、经济学与生态学的交叉学科。经济伦理是商品经济尤其是市场经济发展的产物，是内在于市场经济活动的伦理原则和道德规范。经济伦理学主要研究经济价值与伦理价值之间的关系，生态经济伦理学则要进一步研究经济价值、伦理价值与生态价值之间的关系。市场经济主体利益最大化追求并不总是与社会公共利益、生态价值相一致，因此，生态经济伦理学要探讨在不损害社会福利和生态价值的前提下，市场经济主体在经济利益最大化时的行为规范问题。生态经济伦理规范的基本内容除了传统经济伦理规范的合理性、正当性原则，自由平等、等价交换原则，效率原则，还包括生态伦理原则。生态经济伦理的实现涉及生态经济、循环经济的制度建设问题。

3. 生态计量经济学

生态计量经济学主要研究生态国民经济核算体系，即绿色 GDP（绿色国内生产总值）。绿色 GDP 能较准确地说明一个国家的经济产出总量及国民收入的水平，是衡量一个国家发展程度的统一标准。绿色 GDP 主要有两种核算方法：一是收入法，它是全部要素所有者收入（如工资、利润、利息等）的汇总数；二是支出法，它是全部要素所有者支出（如消费品、投资品、净出口等）的汇总数。经济产出总量增加的过程，必然是自然资源消耗增加的过程，也是环境污染和生态破坏的过程。

（四）循环经济的法律制度保障

发展循环经济，必须有相应的符合生态规律和循环经济要求的政治、法律制度保障，有相应的文化道德环境支撑。

1. 生态法律制度与行政管理制度

要发展循环经济必须有国家政权的宏观管理，进行循环经济和环境保护立法，建立生态法律制度与行政管理制度。现代工业企业与生态环境存在紧密联系。一方面，生态环境是现代工业企业存在和发展的外部条件，对某些特定企业（如特色农业、酿酒、精密仪器、电子信息产品）而言，生态环境对企业发展具有决定性作用；另一方面，企业是生态环境的使用者。生态环境是公共物品，而企业生产是私人物品，二者之间存在较大的冲突。企业生产会排放大量的三废（废气、废水、废渣），企业的经济效益往往以对环境的破坏为代价。循环经济是一个宏观的产业体系，包括企业内部的循环、生产之间的循环和社会整体的循环三个层次，必须利用国家政权的力量促进这个体系的建立。

要发展绿色消费市场和资源回收产业，仅凭利润最大化这一驱动力，靠私有企业，是无法实现的。在绿色消费中，绿色产品的认定及其标志都需要政府管理；循环经济企业发展也需要国家制定环境价格政策、绿色税收政策、财政投入政策、财政信贷政策、生态补偿政策和污染收费政策进行支持；资源回收产业必须由政府统一计划、统一协调建设。同时，还要推进循环经济发展的立法，通过法律法规和政策对循环经济发展进行引导。

2. 生态文化教育制度

循环经济是一种广义的文化活动，需要从根本上建立与其相适应的伦理文化观念体系和符合生态伦理的生活方式，从根本上改变现代性的纵欲享乐主义、消费主义价值观念和生活方式，这需要通过规范的生态教育制度，培养千百万具有生态文化观念的新人。具有生态世界观的知识分子在大众传媒等公共领域的宣传教育作用至关重要。

生态文化是一种世界观、生产方式和生活方式。生态文化首先是世界观和思维方式的变化。古代文化是神圣的、朴素的生态文化，现代工业文明则是理性文化，基本的观点是机械世界观、人类中心的主客体论、把世界一切东西工具化的工具论和偏重于分析的思维方式。生态文化对世界持有机的、整体的、系统的观点，把生态系统看成是自组织、自演化、自调节的"自然—社会—人"三位一体的复合系统。在这个复合系统中，自然并非任人征服改造的单纯对象化的客体、工具，而是自组织、自演化的过程。自然有演化方向的过程，就是某种意义的主体性行为。因此，生态系统各要素既有自为的固有价值，也有对生态系统其他成员的工具价值，更有在生态系统中占据独特生态位的、对生态系统整体演进起作用的生态系统价值。人在生态系统中也占据其应有的生态位，是自然生态系统平等而独特的一员，不是征服、改造自然的主体，而是调控主体。因此，人与自然的关系不是现代性思维方式下的"主客体关系"，而是互相引导、互相影响、互为伴侣的"主体间"关系。人与人的主体间关系影响人与自然的主体间关系，人与自然的主体间关系也影响人与人的主体间关系，互为变量，组成一个"共在"的世界。人与人的关系，特别是前代人与子孙万代的关系，是以自然为中介建立起来的平等"共在"的关系。当代人保护好自然就是对得起子孙万代。

因此，应在存在论意义上，在生态价值基础上，形成人的生态伦理。一方面，人作为自然的调控者，要考虑自身对自然生态系统的独特责任，有照看生态万物"同伴"的义务，使自然演化得更好；另一方面，人作为生态价值的受动者，要顺应自然生态系统的自组织演进规律，而不是违反自然生态系统的自演化规律。工业文明之所以没有农业文明长久，原因之一就是只注意自然的因果规律，而忽略生态自演化的规律，对自然的破坏速度较快，短期的局部收益以损害人类长期的生存和发展为代价。

二、循环经济的概念与原则

（一）循环经济的概念

循环经济是对物质闭环流动型经济的简称，循环经济是一种以资源高效循环利用为核心，以高效率、低消耗、低排放为标准，以产业链为发展载体来达到物质资源的高效利用和社会经济的可持续发展。循环经济是经济社会发达到一定程度的必然历史产物，是我国实现社会可持续发展的最佳途径，是我国建立资源节约型和环境友好型社会的必然选择。

第一，循环经济是以日益更新的科学技术和研究成果作为发展的源动力，以人力资源质量和素质作为发展的先决条件，以信息技术和通信设施作为发展循环经济的桥梁纽带，以逐渐与人们生活紧密连接的服务行业作为循环经济主导产业等。这一切都需要以科学文化知识作为发展的核心，也只有以知识作为循环经济发展的基石，才能使我国在循环经济发展的道路上顺利进行，从而更有效地促进我国循环经济的发展。

第二，从循环经济本质来看，其体现的是一种生态经济模式，主要表现在物质和能量的闭路循环，也就是以高效率、低消耗、低排放为标准的，以产业链为发展载体的物质闭环流动经济。从本质上来看，循环经济的产生是生态系统的经济表达形式和生态系统的发展延伸，因此，我们可以利用生态系统的规律对我国循环经济的发展进行相应的基础理论指导。

第三，循环经济的发展是要求把经济从传统的线性开放流程转变成为新型的封闭式环形流程，要求在人们生产生活中的原料和能源在循环经济中都能得到合理的利用，控制废弃物的产生和处理，把人类的经济活动纳入自然界的反复利用循环机制中，进而减小人类对自然环境的压力维护自然的生态平衡，因此，循环经济的发展不仅能够提高资源的利用效率、环境的保护利用，而且可以通过循环经济的发展模式来达到经济的可持续发展。

（二）循环经济的原则

循环经济的核心是建立"资源—产品—再生资源"的生产和消费方式，减少资源利用及废物排放（Reduce），实施物料循环利用（Recycle），废弃物回收利用（Reuse），这就是被广泛推崇的"3R"法则。

第一，减量原则。要求减少进入生产和消费流程的物质量，即用较少的原料和能源投入满足既定的生产或消费需求，在经济活动的源头就做到节约资源和减少污染。在生产中，常要求产品体积小型化和重量轻型化，产品包装追求简单朴实而不是豪华浪费。在生活中，减少人们对物品的过度需求，从而达到减少废弃物排放的目的。

第二，再利用原则。要求产品和包装能够以初始的形式被多次使用。在生产中，常要求制造商使用标准尺寸进行设计，便于更换部件而不必更换整个产品，同时鼓励发展再制造产业。在生活中，鼓励人们购买能够重复使用的物品。

第三，循环原则。要求生产出来的产品在完成其使用功能后能重新变成可以利用的资源而不是无用的垃圾。物质循环通常有两种方式：首先，资源循环利用后形成与原来相同的产品；其次，资源循环利用后形成不同的新产品。循环原则要求消费者和生产者购买循环物质比例大的产品，以使循环经济的整个过程实现闭合。

以上原则中，减量原则属于输入端方法，旨在减少进入生产和消费过程的物质量；再利用原则属于过程性方法，目的是提高产品和服务的利用效率；循环原则是输出端方法，通过把废物再次变成资源以减少末端处理负荷。但是，减量原则、再利用原则和循环原则在循环经济中并不是同等重要的，它们的优先级顺序是减量原则、再利用原则、循环原则。

实际上，循环经济不是简单地通过循环利用来实现废物资源化，而是在可持续发展理念指导下的一种新经济发展模式，其强调在优先减少资源消耗和废物产生的基础上综合运用"3R"原则。德国颁布的《循环经济与废物管理法》中明确规定了对待废弃物的优先处理顺序为：避免产生—循环利用—最终处置。首先，强调以源头预防废弃物产生的思想代替生产过程末端治理的思想，将污染防治贯穿整个生产和消费活动的全过程；其次，对于源头不能控制或削减的"废物"和消费者使用后的包装物、旧物品等，应考虑通过原级资源化与次级资源化相结合的方式回收利用，充分发挥其使用价值；最后，当前两种方式在许可条件下不能实现时，再进行环境无害化处理、处置。很显然，通过强化废物的再使用和再循环利用，提高了废物减量化的水平；通过对资源的再使用和再循环利用水平的提高，也有效地促进了废物减量化的实现。循环经济的"3R"化使资源以最低的投入，达到最高效率的使用和最大限度的循环利用，实现污染物排放的最小化，使经济活动与自然生态系统的物质循环规律相吻合，从而实现人类活动的生态化转向。

三、循环经济的特征与层次体系

（一）循环经济的特征

传统经济是"资源—产品—废弃物"的单向直线过程，创造的财富越多，消耗的资源和产生的废弃物就越多，对环境资源的负面影响也就越大。循环经济则以尽可能少的资源消耗和环境成本，获得尽可能大的经济和社会效益，从而实现经济系统与自然生态系统的物质循环过程的和谐，促进资源永续利用。因此，循环经济是对"大量生产、大量消费、大量废弃"的传统经济模式的根本性变革，是一种科学的发展观、一种全新的经济发展模式，具有自身的独立特征。循环经济的特征主要体现在以下方面：

第一，新的系统观。"循环是指在一定系统内的运动过程，循环经济的系统是由人、自然资源和科学技术等要素构成的大系统。"[1]循环经济观要求人在考虑生产和消费时不再置身于这一大系统之外，而是将自己作为这个大系统的一部分来研究，符合客观规律的经济原则，将"退田还湖""退耕还林""退牧还草"等生态系统建设作为维持大系统可持续发展的基础性工作来抓。

第二，新的经济观。在传统工业经济各要素中，资本在循环，劳动力在循环，而

---

[1] 马歆，郭福利. 循环经济理论与实践[M]. 北京：中国经济出版社，2018：20.

唯独自然资源没有形成循环。循环经济观要求运用生态学规律，而不是仅仅沿用19世纪以来机械工程学的规律来指导经济活动。不仅要考虑工程承载能力，还要考虑生态承载能力。在生态系统中，经济活动超过资源承载能力的循环是恶性循环，会造成生态系统退化；只有在资源承载能力之内的良性循环，才能使生态系统平衡地发展。

第三，新的价值观。循环经济观在考虑自然时，不再像传统工业经济那样将其作为"取料场"和"垃圾场"，也不仅视其为可利用的资源，而是将其作为人类赖以生存的基础，是需要维持良性循环的生态系统；在考虑科学技术时，不仅考虑其对自然的开发能力，而且要充分考虑到它对生态系统的修复能力，使之成为有益于环境的技术；在考虑人自身的发展时，不仅考虑人对自然的征服能力，更重视人与自然和谐相处的能力，促进人的全面发展。

第四，新的生产观。传统工业经济的生产观念是最大限度地开发利用自然资源，最大限度地创造社会财富，最大限度地获取利润；而循环经济的生产观念是要充分考虑自然生态系统的承载能力，尽可能地节约自然资源，不断提高自然资源的利用效率，循环使用资源，创造良性的社会财富。在生产过程中，循环经济观要求遵循"3R"原则；同时还要尽可能地利用可循环再生的资源替代不可再生资源，如利用太阳能、风能和农家肥等，使生产合理地依托在自然生态循环之上；尽可能地利用高科技，以知识投入来替代物质投入，以达到经济、社会与生态的和谐统一，使人类在良好的环境中生产生活，真正全面提高人民生活质量。

第五，新的消费观。循环经济观要求走出传统工业经济"拼命生产、拼命消费"的误区，提倡物质的适度消费、层次消费，在消费的同时就考虑到废弃物的资源化，建立循环生产和消费的理念。同时，循环经济观要求通过税收和行政等手段，限制以不可再生资源为原料的一次性产品的生产与消费，如宾馆的一次性用品、餐馆的一次性餐具和豪华包装等。

第六，循环经济的本质是技术范式的革命。从技术经济学角度看，循环经济实际上是一种技术范式的革命。按照著名经济学家乔瓦尼·多西的定义，技术范式是指解决所选择的技术经济问题的一种模式。这是基于微观技术的定义。在宏观上，技术范式可定义为社会生产主导技术体系的基本特征和程序模式。循环经济的技术主体要求在传统工业经济的线性技术范式基础上增加反馈机制。在微观层次上，要求企业纵向延长生产链条，从生产产品延伸到废旧产品回收处理和再生；横向拓宽技术体系，将生产过程中产生的废弃物进行回收利用和无害化处理。在宏观层次上，要求整个社会技术体系实现网络化，使资源实现跨产业循环利用，综合对废弃物进行产业无害化处理。循环经济的技术体系以提高资源利用效率为基础，作为科学技术发展方向的高技术发展则在关注经济增长的同时以资源的再生、循环利用和无害化处理为手段，以保护生态环境为目标，推进经济社会可持续发展。这实质上是一种技术范式革命。

第七，循环经济是我国新型工业化的最高形式。循环经济模式正是新型工业化道路的最高形式。新型工业化要求用新的思路去调整旧的产业结构，要求用新的体制激励企业和社会追求可持续发展的新模式。循环经济作为一种新的技术范式、一种新的生产力发展方式，为新型工业化开辟了新的道路。按照传统的"单程式"技术范式，以信息化带动工业化，发展高新技术产业，用高新技术改造传统制造业，全面提高资源的技术利用效率，当然也都是新型工业化的重要内涵，却不是新型工业化的全部。循环经济要求在上述基础上，通过制度创新进行技术范式的革命，是新型工业化的最高形式。

（二）循环经济的层次体系

循环经济主要研究经济体与其环境之间的相互作用。基于生态学原理，将该研究划分为企业个体、企业群体、企业间、产业群落、循环经济系统五个层次。

第一，企业个体层面（对应个体生态学）：该层面是循环经济学研究的基础，也是减量原则、再利用原则的应用范围，对企业与环境之间的关系进行研究，对企业的产品、副产品、废弃物进行综合研究，主要依靠对现代生产技术和环保技术的开发和应用。

第二，企业群体层面（对应种群生态学）：当同类企业聚集成种群时，其对环境的影响不是简单的叠加，而是具有乘数效应的。所以，研究企业集群对环境的影响有相当重要的意义。这方面的研究主要应用生态学和经济学原理，是循环经济研究必须自行建立的学科交叉地带。

第三，企业间层面（对应种间生态学）：主要研究生产者（或消费者）与分解者之间的关系，以及废弃物如何进行资源化利用，通过技术手段降低资源化成本，或通过产业组装形成产业间的协同效应。这是循环经济学的理论基础，主要依靠技术学科和生态学，也需要经济学理论的支撑。

第四，产业群落层面（对应群落生态学）：通过合理的规划和整合，将不同的产业间关系加以协调组装，与当地的自然和社会基础条件结合起来，形成合理的循环经济产业园区规划，在产业间形成激发效应，发掘产业群落所产生的内生资源，建立起良性循环系统。这方面的研究主要是以生态学思路为主，以"整体、协调、循环、再生"的思想建立研究体系。

第五，循环经济系统层面（对应生态系统生态学）：为建立更高层次的循环经济系统，形成对人类社会整体产生全面积极影响的社会生产环境，必须从经济学理论中寻找最根本的基础，为循环经济系统建立稳固的基础环境，这就是公共经济学的外部性原理。通过国家及全球层面对人文环境、法律环境和社会公共基础设施的建立和完善，让所有人都能够自发地形成循环经济思想，使循环经济系统产生最强劲的内生动力，完全取代从自然界输入物质的经济运行方式。

四、循环经济的模式转变

循环经济是人类与环境的关系长期演变的产物。从历史上看，人类的经济发展模式经历了三个阶段的变化，并开始朝循环经济的模式转变。

（一）传统经济模式

在人类社会的早期，原始人类主要从事渔猎与采集活动，生产力较低，在强大的自然面前，人类表现得软弱乏力，只能依赖与服从，因此，对自然的态度主要是敬畏。这个阶段，人类是自然的一部分，在与自然进行物质交换的过程中与其他动物基本一致，取之于自然又还之于自然，对自然的破坏力还相当微弱。

进入农业社会以后，社会生产力有了一次飞跃发展，人类改造自然、控制自然的能力也随之增强。为了满足自身的生存需要，人类开始砍伐森林、烧毁草原、种植庄稼、治水修路和开凿运河等，并越来越轻松地控制了食物生产。在这些成就面前，人类征服自然的思想迅速膨胀，对自然的利用程度与破坏力度也日益增加，这使得人与自然的关系逐渐走上分离乃至于对立、冲突的道路。

进入16世纪，随着资本主义的发展和第一次工业革命的爆发，人类开始步入大规模征服自然的阶段。在这个阶段，人类依靠科学技术的力量，不断提高社会生产力，使社会生产力实现了又一次更大、更迅猛的飞跃发展，而随之带来环境污染、生态失调、能源短缺、城市臃肿、交通紊乱、人口膨胀和粮食不足等一系列困扰人类的严重问题，则表明数百年的工业革命进程已人为阻断了人与自然和谐统一的关系，人类与自然的关系日益疏离。人类"战胜"了自然，但自然也毫不客气地"报复"了人类，使人类陷入发展的困境。

分析人类社会发展史，可以初步得出这样一个结论：传统的农业经济与工业经济都以人类自身的需求为中心，以高开采、低利用、高排放为特征，以"资源—生产—流通—消费—丢弃"和"资源—产品—污染物"为社会运行模式和物流模式，没有自觉考虑经济活动对环境的影响，从大自然不断索取资源，并不加处理地向环境中排放废弃物，这必然会不断加剧环境污染、生态破坏和资源短缺，由此造成出入经济系统的物质流远远大于系统内部相互交流的物质流，经济增长以大量消耗自然界的资源和能源以及大规模影响人类生存环境为代价，较难实现可持续发展。

（二）末端治理模式

进入工业化中后期，环境污染成为阻碍经济发展的一个主要因素。在经历了系列公害后，人类开始认识到保护环境的重要性，并不断研究治理环境污染的技术和设备，这些活动为人类控制环境污染提供了可能性。从20世纪60年代开始，发达国家普遍采用末端治理的方法进行污染防治，投入了大量的人力和物力，这种模式显然有一定的成效，但究其根本，仍是"先污染，后治理"，即在生产链终点或者是在废弃物排放到自然界之前，对其进行一系列的物理、化学或生物处理，以最大限度地降低污染物对自然界的危害。

末端治理模式的理论依据前期主要是庇古的"外部效应内部化",认为可通过征收"庇古税"来达到减少污染排放的目的。"科斯定理"也成为末端治理的又一理论依据,提出在产权明晰的前提下,可以通过谈判的方式解决环境污染问题,并且可以达到帕累托最优。环境库兹涅茨曲线理论则指出,环境污染与人均国民收入的关系达到某一程度时,环境问题会迎刃而解。环境资源交易系统"最大最小"理论也成为末端治理的理论基础之一,这些理论为早期环境经济学家提出"污染者付费原则"提供了理论保障,它们曾经为遏制环境污染的迅速扩大发挥了历史性作用。但末端治理理论无法搭起对资源短缺乃至资源枯竭这一现实的分析框架。末端治理的不足之处主要表现为:治理技术难度大,治理成本较高,很难平衡经济、社会和环境效益之间的关系,难以调动企业积极性;能源与资源不能有效利用,一些可以回收利用的原材料变成"三废",产生不必要的资源浪费与环境污染;污染物排放标准中只注意浓度控制而忽视总量控制,在废物排放量大的情况下,很容易造成实际污染排放量超出环境承载能力的情况。

总体而言,末端治理依旧是从人类利益出发的,维护人类的价值和权利仍然是人类活动的最根本出发点和最终价值尺度。对环境而言,通过末端治理虽然可以减少某一形式污染物的产生量,但是污染物往往会在介质之间转移,即从一种形式转化为另一种形式,如净化废气产生废水、净化污水又产生污泥、焚烧固体废物又会产生大气污染等。因此,末端治理模式虽然在治理过程中产生小循环,但是整个物质流动过程依然是线性的,仍然会造成环境质量下降。

(三)循环经济模式

20世纪90年代以来,可持续发展问题受到各国政府的重视,越来越多的有识之士认识到资源与环境问题日趋严重的根源在于工业革命后采用的人与自然对立的经济模式。如何谋求人与自然共生共荣、协调发展,成为各国普遍关注的议题。循环经济就是在长期的探索中找到的一种符合可持续发展目标的有效模式。

20世纪70年代以前,循环经济思想还是一种超前理念,人们更为关注的仍然是污染物产生后如何治理以减少其危害，在环境保护领域普遍采用了末端治理方式。进入20世纪80年代，在经历了从"排放废物"到"净化废物"再到"利用废物"的过程后，人类开始采用资源化的方式处理废弃物，但对于污染物的产生是否合理、是否应该从生产和消费源头上防止污染产生这些根本性问题，大多数国家仍然缺少战略洞见和政策措施。总体而言，20世纪七八十年代的环境保护运动主要关注的是经济活动造成的生态后果，而经济运行机制本身始终落在人们的研究视野之外。20世纪90年代，可持续发展战略成为世界潮流，源头预防和全过程治理替代末端治理成为国际社会环境与发展政策的主流，人们在不断探索和总结的基础上，以资源利用最大化和污染排放最小化为主线，逐渐将清洁生产、资源综合利用、生态设计和可持续消费等融为一套系统的循环经济战略。

循环经济把清洁生产和废弃物的综合利用融为一体，它既要求物质在经济体系内被多次重复利用，进入系统的所有物质和能源在不断进行的循环过程中得到合理和持续的使用，达到生产和消费的"非物质化"，尽量减少对物质特别是自然资源的消耗，又要求经济体系排放到环境中的废物可以为环境所同化，并且排放总量不超过环境的自净能力。循环经济实现"非物质化"的重要途径是提供功能化服务，而不仅是提供产品本身；做到物质商品"利用"的最大化，而不是"消费"的最大化；并在满足人类不断增长的物质需要的同时，大幅度地减少物质消耗。同时，经济体系各产业部门协调运作，将一个部门的废弃物用作另一个部门的原材料，从而实现"低开采、高利用、低排放"，进而形成"最优生产、最优消费和最少废弃"的社会。

总而言之，循环经济物流模式可以认为是"资源—生产—流通—消费—再生资源"的反馈式流程，运行模式为"资源—产品—再生资源"。

五、循环经济中的角色定位

（一）循环经济中的市场角色

第一，发展循环经济需要一个统一、开放、竞争、有序的市场体系。如果存在市场障碍和地区、部门之间的分割，封锁市场法规，政策不一致，那么，循环经济系统内各经济单元或各子循环系统就不能有效沟通、交流，从而使得它们自主运动的相关性不强，同系统整体运动不和谐。因此，为保证循环经济系统正常运行，必须形成全国通畅的大流通、大市场格局。尤其要形成与国际市场的对接机制，这是我国发展循环经济、进入世界经济循环经济链的前提。

第二，市场可以通过自身的不断完善，从而逐步创建有利于循环经济发展的各项制度。随着市场经济体制的建立和完善，发展循环经济的所有权归属问题、资源与环境使用权与经营权交易问题、不同所有制企业的介入问题、绿色激励与管理制度的建立问题、绿色税费的调整问题等都可以通过市场逐步发展与规范。另外，市场机制的自催化特质也可以使我国的产业结构实现某种程度的自调整，向更加有利于可持续发展的方向迈进。

第三，在发展循环经济的过程中，企业能随时根据市场的变化进行自我调整与适应。众所周知，市场是瞬息万变的，这就要求企业随时随地了解市场的变化情况并做出相应的调整以适应市场的变化，这样才能保证循环经济的顺利进行。

第四，市场竞争可以推动循环经济发展。市场竞争使企业力图用功能齐全、质量高、环境污染少的新产品在竞争中确定、扩大其市场份额，使循环经济生产水平得以提高。另外，各生产者竞争中的创新活动形成了具有更高水平的社会产品结构，使消费者有更多选择，促进社会消费方式向循环经济方向转变。

总而言之，由于市场机制是到目前为止实现资源优化配置的最有效途径，所以，市场在循环经济的发展过程中起着不可替代的作用。

（二）循环经济中的企业角色

在发展循环经济的过程中，企业扮演着重要的角色，具体表现在以下方面：

第一，企业在发展循环经济的过程中承担三重责任。企业是从事生产、流通或服务性活动的独立核算经济单位。按照以往理解，企业（尤其是私营企业）几乎只有经济责任，而且主要是为它们产权所有者谋取利益。但现在社会观念发生了变化，企业不仅要承担经济责任,而且还要承担社会责任和环境责任。社会责任主要是指遵守商业道德、保护员工权益、发展慈善事业、捐助公益事业等。环境责任是指保护环境和节约资源。只有同时承担经济、社会和环境三方面责任的企业,才算得上是合格的、先进的企业。

第二,企业是发展循环经济的主角。循环经济的核心内容,是在"3R"原则的指导下的物质循环。以工业为例,有以下三个层面的物质循环:小循环、中循环和大循环。小循环是指企业内部的物质循环。例如,下游工序的废物返回上游工序,作为原料重新处理,以及其他消耗品在企业内的循环。中循环是指企业与企业之间的循环。又如,下游工业的废物返回上游工业,作为原料重新处理;或者扩而大之,某一工业的废物、余能送往其他工业加以利用。大循环是指企业与社会之间的物质循环。例如,工业产品经使用报废后,其中部分物质返回原工业部门,作为原料被重新利用。

第三,企业是循环经济"生产者责任制延伸"的承担者。工业物质的大循环,是企业必须关注的大问题。企业不仅要生产产品,而且要负责回收报废的产品,回收其中有用的材料和零部件。按照通用的说法,这种责任叫作"生产者责任延伸"。为了使企业与社会之间的物质循环得以顺利进行,必须建立相应的废品物资回收机制,企业也必须承担相应义务。

第二节 我国发展循环经济的途径与战略意义

一、我国发展循环经济的途径

发展循环经济,要坚持以优化资源利用方式为核心,以提高资源生产率和降低废弃物排放为目标,以技术创新和制度创新为动力,采取切实有效的措施,动员各方面力量,积极加以推进。

（一）转变观念，调整结构

加快发展循环经济，必须摒弃传统的发展思维和发展模式，加强对发展循环经济的专题研究，加快节能、节水、资源综合利用、再生资源回收利用等循环经济发展重点领域专项规划的编制工作。建立科学的循环经济评价指标体系，研究提出国家发展循环经济战略目标及分阶段推进计划。

加快发展低耗能、低排放的第三产业和高新技术产业，用高新技术和先进适用技术改造传统产业，并严格限制高耗能、高耗水、高污染和浪费资源的产业，以及开发区的盲目发展。用循环经济理念指导区域发展、产业转型和老工业基地改造，促进区域产业布局合理调整。开发区要按循环经济模式规划、建设和改造，充分发挥产业集聚和工业生态效应，围绕核心资源发展相关产业，形成资源循环利用的产业链。

（二）健全法制，强化管理

研究建立完善的循环经济法规体系。当前要抓紧制定《资源综合利用条例》《废旧家电及电子产品回收处理管理条例》《废旧轮胎回收利用管理条例》《包装物回收利用管理办法》等发展循环经济的专项法规。加快制定用能设备能效标准、重点用水行业取水定额标准、主要耗能行业节能设计规范以及强制性能效标志和再利用品标志等发展循环经济的标准规范。

通过深化改革，形成有利于促进循环经济发展的体制条件和政策环境，建立自觉节约资源和保护环境的机制。结合投资体制改革，调整和落实投资政策，加大对循环经济发展的资金支持；进一步深化价格改革，研究并落实促进循环经济发展的价格和收费政策；完善财税政策，加大对循环经济发展的支持力度；继续深化企业改革，研究制定有利于企业建立符合循环经济要求的生态工业网络的经济政策。另外，要加快研究制订循环经济发展的推进计划和实施方案，加强部门间的合作，建立有效的协调工作机制，扎扎实实地推进循环经济发展。

加强企业资源环境管理是发展循环经济的基础。企业要建立健全资源节约管理制度，加强资源消耗定额管理、生产成本管理和全面质量管理，建立车间、班组岗位责任制，完善计量、统计核算制度，加强物料平衡。建立有效的激励和约束机制，完善各项考核制度，调动职工节约降耗、综合利用和实施清洁生产的积极性，加强环境管理体系建设。

（三）依靠科技，推广教育

重点组织开发和示范有普遍推广意义的资源节约和替代技术、能量梯级利用技术、延长产业链和相关产业链接技术、"零排放"技术、有毒有害原材料替代技术、回收处理技术、绿色再制造等技术，努力突破制约循环经济发展的技术瓶颈。积极支持建立循环经济信息系统和技术咨询服务体系，及时向社会发布有关循环经济的技术、管理等方面的信息，开展信息咨询、技术推广、宣传培训等。

在重点行业、重点领域、工业园区和城市开展循环经济试点工作。通过试点，提出循环经济发展模式，重大技术领域和重大项目领域，循环经济综合评价指标体系，完善再生资源回收网络和促进再生资源循环利用的法规、政策和措施；提出按循环经济模式规划、建设、改造工业园区以及城市发展的思路；树立先进典型，为加快发展循环经济提供示范和借鉴。在企业全面推行清洁生产，为发展循环经济奠定微观基础。另外，要组织开展形式多样的宣传培训活动，提高全社会特别是各级领导对发展循环经济重要性和紧迫性的认识，引导全社会树立正确的消费观，鼓励使用绿色产品。

发展循环经济必须得到公众的理解和支持。因此，必须发动社会大众，充分认识环境和资源对可持续发展的严重制约，使全社会充分认识循环经济模式对我国可持续发展的重要性。有必要在我国开展一场发展循环经济的社会动员。发达国家非常重视运用各种手段和舆论传媒加强对循环经济的社会宣传。开展循环经济的组织培训工作，动员公众参与循环经济的宣传、教育、推广及监督工作。目前，我国公众参与循环经济的意识和公众参与的广度、深度还不够，应当积极宣传公众参与循环经济的重要性和必要性，大力营造公众参与的社会舆论环境，使积极参与成为公众的自觉行动。

（四）组织机构，开展活动

在发展循环经济中，非营利性的市场中介组织可以起到独特的作用。因此，要发挥中介组织在连接生产者与消费者之间的纽带作用，建立相关的中介组织和服务制度。中介组织不是指垃圾处理等企业，而是一些具有媒介性质的组织机构。通过中介组织的作用，促进有回收产品和包装废物意愿的企业联成网络，并发布废品回收信息，从而使个人、企业、政府结为一体，加强交流，调剂余缺，推动废物的减量化、资源化和无害化。公众参与也是民主管理的一种方式，随着社会的进步，公众参与的深度和广度都将扩大。因而，公众参与不能只停留在中央和省市的层次上，而是要进一步地进乡村、进社区。要把保护生态环境和节约回收利用资源的民间组织扩展到全国，如果每一个乡村、每一个社区都有类似于"环境议事会"这样的民间团体行使执法监督、政策参与和绿色生活的权利，才能将公众参与机制落到实处。

要鼓励和支持各种民间组织开展各种环境保护社会监督和公益活动，并与政府建立起友好的伙伴关系。发展各种引导民间生产和消费行为的制度和机制，包括各种环境保护自愿认证制度和自愿协议方式，通过民间各种自愿行动，引导市场供求向着有利于环境保护的方向变化。

（五）倡导绿色消费，促进绿色生产

绿色消费是指消费者从节约自然资源、保护生态环境以及承担社会责任出发而采用的一种在消费过程中减少资源浪费和防止污染的理性消费方式。组织公众积极参与绿色消费运动，倡导公众树立合理消费、适度消费的观念，在全社会形成健康文明的消费模式。

1. 进行绿色意识教育

为了提高循环经济政策的实施效果，需要加强对公众绿色消费意识、资源节约意识、环境保护意识的培养。通过学校教育、培训和大众传媒等方式进行循环经济意识教育，使循环经济成为公众的共识，形成良好的社会氛围，公众自觉按照循环经济的要求安排生产和生活。

消费在经济过程中占有重要的地位，产品或服务只有在被最终消费之后才能真正实现其价值。因此，倡导绿色消费是构建循环经济的重要环节。绿色消费有三层含义：一是倡导消费未被污染或者有助于公众健康的绿色产品；二是在消费过程中注重对垃圾的处理，节约资源和能源；三是注重环保，不造成环境污染，改变公众对环境不宜的消费方式。

倡导绿色消费一方面可以创造新的消费热点，另一方面可以反作用于绿色生产。提倡公众自觉选择包装物较少、耐用和可循环使用的物品，购买和使用节能、节水、再生利用的产品，引导公众减少一次性用品使用，提倡自备购物袋购物。公众应当按照规定分类投放生活垃圾，投放废弃家具、电子仪器、电器及其他大件废旧物品。在引导绿色消费中的一个重要环节是政府可以带头购买经济型实用型而又减轻生态环境负荷的产品，客观上能够起到示范作用，对社会公众的消费观念的更新是有力的引导。通过在生活领域提倡3R原则和避免废物产生的原则，把个人的消费行为提升为理性的消费和清洁消费，把消费过程纳入循环系统。

2.促进绿色生产发展

绿色消费能够驱动发展循环经济的内在动力，其原因是绿色消费的深层作用在于引导和促进绿色生产。消费者选择未被污染或有助于公众健康的绿色消费品，在消费过程中注重对废弃物的处置、节约资源和能源，注重环保、不造成环境污染等，所有这些绿色消费观念和绿色消费行为的转变，将促使人类的消费结构发生重大变革，消费结构的改变必将引起社会的生产方式、产业结构、技术结构和产品质量的调整与升级，形成绿色消费需求与经济增长之间的良性循环，从而推动循环经济的发展。

二、我国发展循环经济的战略意义

随着经济快速增长和人口不断增加，水、土地、能源、矿产等资源不足的矛盾会越来越突出，生态建设和环境保护的形势日益严峻。面对这种情况，大力发展循环经济，加快建立资源节约型社会，就显得尤为重要。

(一)发展循环经济是提升经济效益的重要措施

目前,我国资源利用效率与国际先进水平相比仍然较低,突出表现在:资源产出率低、资源利用效率低、资源综合利用水平低、再生资源回收和循环利用率低。我国资源利用率与世界先进水平仍有较大差距。由此可见,较低的资源利用水平,已经成为企业降低生产成本、提高经济效益和竞争力的重要障碍;大力发展循环经济,提高资源的利用效率,增强国际竞争力,已经成为我们面临的一项重要而紧迫的任务。

(二)发展循环经济是增强企业竞争力的迫切需要

发展循环经济,企业从源头减少废物,使废物在生产过程中得到循环利用,这样既可以节约资源,在能源和资源消耗相对较少的基础上发展生产,又可以减轻环境污染,降低污染治理成本,增强企业竞争力。

近年来,环境竞争力在国际上日益受到重视。国际标准组织专门制定了环境管理标准 ISO14000 体系,把环境因素纳入产品的质量管理之中,要求进行环境管理的产品从食品、服装、日化产品、机电产品到医药产品等,只有达到环境标准的产品才允许进入市场。由于世界贸易组织规定,不得采用关税和其他行政措施来限制进口,于是各国纷纷寻找技术壁垒,充分应用环保标准,他们往往借环境保护之名,而行贸易保护之实,在国际贸易中形成新的贸易壁垒——"绿色壁垒"。目前,各国竞相制定越来越复杂的环保技术标准,制造"绿色壁垒"。"绿色壁垒"成为我国扩大出口面临最多也是最难突破的问题,是企业走向世界的一个主要阻力。为了克服绿色壁垒,我们必须改变传统的生产模式,积极地发展循环经济,树立和保持企业自身的环保形象;研究建立我国企业和产品进入国际市场的"绿色通行证",包括能源效率标志制度、节能产品认证、包装物强制回收利用制度,并建立相应的国际互认体系。发展循环经济,推动企业技术进步,用比较少的资源和环境污染,生产出更多的符合人们需求的物质产品,可以使企业在获得更大的经济效益的同时保持良好的绿色企业形象。因此,发展循环经济是增强企业竞争力的现实选择。

（三）发展循环经济是实现可持续发展的本质要求

传统的高消耗的增长方式，向自然过度索取，导致生态退化、自然灾害增多、环境污染严重，给人类的健康带来了极大的损害。要加快发展、实现全面建成小康社会的目标，根本出发点和落脚点就是要坚持以人为本，不断提高人民群众的生活水平和生活质量。要真正做到这一点，必须大力发展循环经济，走出一条科技含量高、经济效益好、资源消耗低、环境污染少、人力资源优势得到充分发挥的新型工业化道路。

（四）发展循环经济是创造新经济增长点的需要

循环经济不仅是在传统经济基础上增加废弃物回收、资源化和循环利用环节，更重要的是能够通过带动整个产业结构的调整和环保产业的发展，创造新的经济增长点。

通过发展循环经济，充分利用可再生资源，既可以解决资源短缺和环境污染问题，又可以开辟新的经济增长点。我国有丰富和分布广泛的生物质能、风能、太阳能等新的可再生能源，可满足发电、供气、供热、制取液体燃料等多种需要，是替代煤炭、弥补油气不足、优化能源结构的一种重要选择。发展可再生能源是促进农村经济发展、增加农民收入的手段。我国农村地区尤其是西部地区可再生能源十分丰富。因地制宜地开发生物能、风能、太阳能和水能等可再生能源，既可以满足农村对能源的需求，又可以解决一些就业问题，是促进这些地区脱贫致富、发展经济的有效途径。

环保产业是循环经济体系的重要组成部分，环保产业的不断发展也是国民经济和就业岗位的强劲增长点。发展循环经济，可以促进新的经济增长点的形成，增加劳动岗位，因此，发展循环经济是促进国民经济蓬勃发展的理性选择。

总而言之，发展循环经济有利于形成节约资源、保护环境的生产方式和消费模式，有利于提高经济增长的质量和效益，有利于建设资源节约型社会，有利于促进人与自然的和谐，充分体现了以人为本，全面协调可持续发展观的本质要求。因此，我们要从战略的高度去认识、用全局的视野去把握发展循环经济的重要性和紧迫性，进一步增强自觉性和责任感。发展循环经济，可以促进社会全面、健康发展。

第三节 全球化重塑背景下中国循环经济的战略选择

一、全球化重塑背景下国际贸易的新变化

第一，贸易与环境的关联度日益增大。按照谁获益谁补偿的原则，发达国家应该在全球环境保护中承担更大责任。但现实正好相反。这些国家一方面把污染严重的产业转移到发展中国家，同时又把环保作为与发展中国家进行贸易谈判的砝码，从而使生态环境成为一个严重的国际政治经济关系问题。随着全球化日益加深和经济持续高速增长，中国进入了前所未有的对外经贸摩擦期。一些发达国家在资源环境方面不仅要求末端产品，而且规定从产品的研制、开发、生产到包装、运输、使用、循环利用等各环节都要符合环保要求。近年来，以保护人类健康和安全、保护动植物的生命和健康、保护生态环境为由，对中国采取强制性或者非强制性技术措施的趋势日益明显，成为影响中国产品出口的原因之一。因此，我们应该从国计民生的高度重视环境问题。借助经济全球化和发达国家环境贸易壁垒带来的机遇和挑战，在加强国际合作的同时，全面推进清洁生产，既能逐步使我国产品符合国际环保标准，也有助于中国可持续发展战略的贯彻和落实。

第二，中国外贸超速发展的效用分析。对世界其他国家而言，中国贸易的快速扩张方式，更多的是一种共享增长和发展的机遇，但从中国自身发展来看，这一现象的直接后果是经济发展对海外资源依赖性加大和对国内生态环境破坏的加剧。虽然最大限度地利用国际市场资源和资本资源是经济全球化的必然产物，但过高的外贸依存度不仅加大中国经济所面临的国际经济风险，而且外资企业的高耗能生产模式导致中国出现能源和原材料等问题。因此，只有发展循环经济，并在此基础上实现中国经济增长模式转变，中国外贸的持续发展才是可能的。

二、世界经济发展相关因素的驱动

第一,资源驱动、资本驱动向创新驱动过渡。由资源驱动、资本驱动向创新驱动过渡是当今世界经济发展的一个基本趋势。可见,目前出现的资源、能源短缺由于经济基数远大于以往。高耗能产业的发展对环境保护和生态建设也产生了巨大压力。由此可见,"循环经济的本质是对人、自然资源和科学技术三大系统的重新整合,是以科技为支撑的,它与世界经济发展趋势的一致性是我们选择这一经济模式的基本动因之一"[①]。

第二,循环经济发展模式选择。循环经济的本质是在充分利用资源、优化利用能源和保护环境的前提条件下,实现效率和利润的最大化,这一目标是现有常规技术所无法支撑的。先进的科学技术是循环经济的核心竞争力,如果没有先进技术的输入,循环经济所追求的目标将难以从根本上实现。其实,不仅传统工业化道路惯性的延续需要我们把循环经济的发展作为重点,就是现在提倡的"新型工业化"模式,也需要把循环经济观念引入各个生产环节中。可见,发展循环经济有助于中国产业顺应世界产业技术发展的基本线路,实现向高技术价值链的推进和升级。

第四节 产业链视角下我国循环经济的发展路径

一、产业链及其特征

产业链是同一产业或不同产业的企业,以产品为对象,以投入产出为纽带,以价值增值为导向,以满足用户需求为目标,依据特定的逻辑联系和时空布局形成的上下关联的、动态的链式中间组织。

[①] 王丽霞. 全球化背景下中国循环经济的战略选择 [J]. 当代经济研究, 2006 (2): 37.

产业链通常是起始于自然资源，而终止于消费市场，但是根据具体情况，起点和终点是相对的，并不固定。一条完整的产业链是以各个产业之间的具体分工与合作为前提，以投入和产出为纽带，以价值增值为导向的有机整合。从不同的角度分析，产业链呈现出不同的表现形式。从价值创造的角度分析，产业链是通过同一产业的各个环节连续追加产品附加值的活动所构建的一条产品增值链；从产品结构的角度分析，产业链是以工艺技术为源点，以科技水准较高、市场前景广阔、产品关联度强的优势知名企业和高科技产品为核心，以产品技术为桥梁，以投入产出为纽带，各个产业间相互连接并向下延展而形成的产品链条。

产业链的特性主要有以下方面：

第一，产业链具有时间特性，是指产业链的各个环节之间具有时间先后顺序，即下游环节部门对上游环节部门的产品进行再次的加工，而此次加工产业链各环间的持续时间越短越好，如果产业链各环间的地理位置相距较远势必会拉长供需时间，进而造成运费和交易费的增加。因此，特定区域的产业集群应当在其产业链内发展配套企业。

第二，产业链具有地域性，是指不同区域的自然禀赋存在差异，众多相互关联的企业围绕某一特定地理领域形成的产业链是特定的。这样带有区域性的产业链的构成类似于生物的生态系统，其各个环节之间既存在竞争又存在协作，同时其各个环节不仅可以独立生存，还可以围绕某个产业进行密切合作，从而使其他环节都能有更大的发展空间。因此，在区域经济结构调整和制定区域经济发展战略的时候，一定要在其产业链内调整，进而为区域性产业集群的发展提供良好的发展空间。

第三，产业链具有整体性。产业链实质上就是一种客观实际存在的产业关联，而这个产业关联实际上是各个产业之间存在的供给与需求的相互关系，并且产业链在时间和空间上还存在先后顺序和逻辑对应的关系。从供给和需求的角度分析，产业链中的各个环节都对其下游环节提供供给，而对其上游环节则提出需求，也就是使资源在产业链中各个环节流动的过程中都伴随着功能价值的传递和累加，进而使产品的使用价值和效果都在原来的基础之上不断地增加。因此，产业链不是各个环节间的简单链接，而是各个环节间以投入产出为纽带组合而成的一个有机体整体。

二、我国循环经济发展的历程与模式

循环经济的理念早在 1998 年从欧洲引入我国,并且我国把这一理念提高到了战略高度,但是在此之前我国的很多具体工作实际上应用了循环经济的理论,比如金属、报纸等废旧物品的回收利用。但是随着我国经济的飞速发展,资源和能源的供给不足、环境的污染问题逐渐凸显出来,自此国家和地方都对循环经济的发展加大了力度。但是,从整体上来看,我国的循环经济仍然处于发展的初级阶段,全面推进循环经济仍面临诸多的困难。

(一)我国循环经济发展的历程

改革开放 40 多年以来,我国的经济得到了快速的发展,但也产生了资源匮乏、能源消耗过大和环境污染等一系列问题,因此,我国的经济增长方式逐渐从传统的粗放式经济发展向循环式经济发展转变。我国政府还提出来了循环经济指导思想、原则和目标,明确了重点工作和重点环节,为循环经济的发展构建了政策机制,为我国循环经济的发展指明了方向。总体而言,我国循环经济的发展大致经历了三个阶段:第一阶段:萌芽。在 20 世纪 80 年代以前,世界上还没有完整系统的循环经济理念,但是在人们的日常生产中已经萌发了循环经济,比如废弃物的回收再利用就表明了我国人民在自发的状态下运用着循环经济的理念。第二阶段:摸索。20 世纪 90 年代,我国的经济的快速增长与环境资源之间的矛盾日渐突出,我国的政府和人民也意识到了环境的问题,开始逐步摸索着从末端治理模式转向源头治理。第三阶段:循环经济理论和实践的推进。我国经济新一轮的快速发展加大了污染的排放和资源的消耗,因此,我国已经面临着资源短缺和环境制约的双重问题,这也将严重制约着我国经济的可持续发展。所以,通过节约循环利用资源、提高资源有效利用率、废弃物的再循环利用形成的循环经济发展模式成为我国循环经济发展的解题思路。

(二)我国循环经济发展的模式

我国必须从资源开采、生产消耗出发,提高资源利用率,在减少资源消耗的同时，相应地削减废物的产生量。因此，我国已经形成了包括企业、产业集群、区域和社会的四大循环经济发展模式。

第一，企业循环经济。我国的企业多数是传统的经济增长模式，这种粗放式的发展导致资源消耗过快，环境污染严重。企业的循环经济可以通过企业内部的有机交流整合建立企业生态产业链，使企业内部的资源都能够高效利用、减少废弃物排放，进而保护生态环境。因此，我国的企业循环经济是依据循环经济理论为指导运用到企业的生产当中，这种企业循环经济模式有助于转变我国传统企业的经营方式，并且能够为企业减少浪费和增加效益。

第二，产业集群循环经济。产业集聚是一种新型有效的产业组织形式，能够在产业竞争中获取优势，产业集聚由于其线性和开放的物质流动是导致不可持续的根本原因，还有资源环境、技术创新和产业链等一系列问题都严重制约着我国经济的可持续发展。循环经济在资源利用方面表现为高效和循环利用，在环境上表现为低排放或零排放，并且循环经济又是物质闭环流动型经济，因此，循环经济能够为我国产业集聚系统的可持续发展提供充足的动力，是我国循环经济的重要发展模式。

第三，区域循环经济。产业集聚极大地促进了区域经济的发展，但是由于各个区域的自然禀赋存在差异和发展不均衡等因素导致我国区域经济的发展受到一定的限制。循环经济发展是区域经济发展的一种全新模式，根据循环经济的理论，各个区域之间应当发展与当地主导产业相关的产业，在区域内形成有机的产业链，进而促使区域循环经济的发展。所以，发展区域循环经济是我国根据现实国情发展的区域经济模式。

第四，社会循环经济。在企业、产业集聚和区域都能够发展循环经济的情况下，社会循环经济则是不可缺少的重要环节。发展社会循环经济就必须发展绿色消费市场和资源回收利用，这样也就完成了整个社会范围的闭环循环经济"自然资源—产品—再生资源"。因此，社会循环经济发展模式是我国发展可持续战略的重要环节。

三、产业链视角下我国循环经济的可持续发展路径

循环经济是一种以产业链为载体的新型先进的生态经济系统，是我国实现经济可

持续发展的重要路径。因此，我国应以企业为载体，以市场为导向，把提高资源利用率和环境保护作为目标，正确引导下大力发展我国社会主义特殊循环经济，主要从以下路径着手：

（一）宣传教育引导

教育是改变人们实际生活方式的落脚点，告诉消费者可持续发展对他的影响最重要。国际上循环经济发展比较成功的国家，无论是有影响力的政界和商界，还是普通民众都普遍认为发展循环经济是对资源环境保护最有效的生产方式，因此，我国可以通过环境保护宣传和绿色消费理念教育来引导民众积极参与循环经济的发展事业。

1. 转变教育模式与内容

在教育模式方面，传统的以海报和宣传栏传递的信息不能够引起民众足够的重视，我们应当改变教育信息模式，利用主体明确、内容生动的方式来引导群众，比如新疆电视台关于水资源播放的公益广告，没有沿用传统的宣传口号，而是通过送仙人掌、陆上划水艇等大众化的方式体现出水资源的稀缺，这不仅给人们带来了快乐，更重要的是让人们记在了心里，进而起到了宣传的作用。

在教育内容方面，可以依据区域的自然禀赋来提出相应的特殊的环保节约理念。例如，在森林开采区打出植树造林的环保理念、在水资源匮乏区域提出节约用水的理念、对于重工业区域提出废弃物循环利用的理念、对于空气严重污染的区域提出节能减排的理念等。以这种与人们日常生活密切相关的内容来倡导循环经济的发展理念。

2. 倡导绿色消费观念

倡导绿色消费观念来推动循环经济发展是构建循环经济的重要环节，这需要的是消费者循环经济理念的改善。绿色消费是以节约资源和注重环保的消费方式，倡导人们消费健康绿色产品，并且正确处理消费所带来的垃圾的一种环保的消费理念。我们应当加强宣传力度，鼓励人们共同参与，依靠绿色的消费理念促进我国循环经济的发展。

（1）政府的引导。我国是人口大国，生产和生活消费量较大，政府可以引导民众的消费理念，从政府自身的绿色采购做起，为公众消费和企业生产做表率，进而引导大众转变为绿色的生产生活方式，树立绿色的消费价值观，鼓励消费经济、健康和环保的产品，把循环经济的理念根植到每位公民的绿色生活中。政府的宣传是社会发展的风向标，加强鼓励公众的循环经济消费理念有助于我国循环经济事业的发展。

（2）绿色环保产品拉动公众环保意识。在全社会范围内逐步形成符合循环经济发展要求的道德、习惯和文化，使全体公民自觉参与到保护环境、节约资源的行动中去。环保产品的优越性可以促使大众树立正确的消费观，进而使公众产生绿色环保意识，以实际行动促使公众广泛地参与到环保的事业中，这种环保产品不仅可以满足公众对生活质量提高的要求，而且可以实现建立资源节约型和环境友好型社会。

3. 培养循环经济的主体意识

意识形态具有很强的社会效应，好的意识形态能够降低社会的运行成本，因此，人们对循环经济的主体意识将决定我国循环经济发展的方向和进程。

（1）宣传教育引导主体意识。意识的形成有一个漫长的过程，我国应当建立完善的循环经济宣传教育，引导民众认清我国人均资源匮乏、人口基数过大、环境资源破坏等现有国情，把这种意识形态的培养从娃娃抓起，进而转变民众的错误思想观念，树立节能减排、保护环境的责任心和使命感。并且建立循环经济奖惩机制，对提供循环经济合理化建议和提供环境污染线索的给予物质奖励，进而加强人们对循环经济发展的主观能动性。

（2）营造良好的社会氛围。发展循环经济有利于我国经济的可持续发展，是我国经济发展模式的发展需要，是符合我国国情和利国利民的大事情，我们需要全体社会大众积极参与进来，为我国更好地发展循环经济营造一个良好的社会氛围。例如，开展一些体育比赛活动来倡导节能减排的重要意义，开展环保知识有奖竞答活动来加深人们对环保知识的把握，开展公益性的晚会增强公众的环保理念等活动来营造一个良好的社会氛围，为我国循环经济的发展奠定社会基础。

4. 转变思想观念

（1）转变传统观念，加大宣传力度。我国传统的经济发展模式是以高消耗、高污染和高排放为代价，也因此产生了"先污染，后治理"的消极经济发展观念。我国走循环经济的发展道路，必须转变这种消极的发展观念。从宣传力度方面来看，我们应当加大对公众关于循环经济发展重要性的宣传力度，利用行政部门和媒体来动员各种力量，展开关于循环经济发展方面的科普知识、消费文化、环保信息等相关的宣传活动，进而增强大众对循环经济发展的责任感和紧迫感，为把建设节约型社会的各项要求作为精神文明建设的重要内容来推进；从政府管理层面来看，我国各级政府应树立正确的政绩观，转变传统的经济发展思想观念，构建各级政府环境保护责任制，把我国各种环保法律政策的落实情况纳入官员考核指标，进而加强地方政府官员对循环经济发展理念的重视。

（2）更新观念，树立可持续发展观。我们应当改变长期以来以自然环境为代价的经济发展观念，让人们通过各种渠道认识到环境的承载能力是有限的。我们在发展经济的同时，要兼顾资源环境的承受能力，要通过教育提高人的素质、优化资源配置、发展良性循环生态系统、采取人与自然和谐共存的方式，全面转变我国循环经济的发展观。在消费领域，我们要大力提倡绿色消费，树立正确的可持续消费观念，利用教育的多种形式让人们认识到资源节约型和环境保护型的生活方式的重要性，进而树立良好的发展观。

5.推广循环经济试点经验

（1）主管部门加强管理的经验。对于我国区域性的小规模、资源严重浪费、环境严重污染、生产工艺落后的各类企业进行管理整顿，依据循环经济的发展理念为指导思想设计出不同行业的绿色环保生产模式和资源高效率利用的生产工艺技术。通过主管部门的政府职能在试点单位推行资源高效利用、生产低污染、产品高质量的循环经济管理，提供切实可行的循环经济发展依据，并且宣传我国试点工作经验，为我国循环经济在全国的普及提供动力。

（2）建立生态示范区域的经验。我国近年来建立了很多的生态示范区，在工业方面推行清洁生产和废弃物循环利用等措施，不仅提高了产品的质量而且降低了资源的消耗速度。从区域的角度分析，生态示范区的建立促使了生态产业链的产生，生态产业链内的各个环节形成了物质能量的交流系统，不仅节约了生产成本，同时提高了废弃物的循环利用率，为循环经济的发展提供了可靠的实践依据，这一切的成果都是在政府的引导下，促使生态产业园区内的各个环节都是产业链上不可或缺的组成部分，因此，我们应倡导政府主导下合理的生态产业园区的发展。

（二）科学技术研发

1. 加大科技政策与创新力度

科技创新需要政府与企业共同驱动，这是由科学技术存在部分公共物品属性和外部性所决定的。技术是循环经济发展的重要保障，从国内外循环经济的发展经验来看，循环经济的技术研发体系不仅受到具体企业机制的制约，同时还受到外部环境的影响。另外，也可以通过制订合理的科技计划来调控科技资源的有效配置，组织精干力量加大科技投入开展循环经济相关技术的科技攻关项目，进而推动技术的开发和应用，为重点企业资源高效利用、废弃物循环利用和企业的技术综合改造等提供强大的技术支撑体系。

（1）落实科技研发政策。我国可以制订切实可行的科技发展项目计划，逐步推进科技研发的步伐，为循环经济的发展建立更多的激励机制。从市场经济的角度而言，我国要把循环经济科技的研发规则建立在学习、研发、应用的综合发展阶段，对科技研发工作者加大奖励制度，进而从根本上落实循环经济科技研发的政策。

（2）加大技术创新力度。目前，我国对于循环经济的技术应用主要表现为资源的节约、清洁生产和废弃物的回收等方面，然而，这对于人口众多的我国而言在循环经济发展道路上仅仅是迈出了一步，后面的科技创新的道路还很长。由于我国的企业多数规模小，并且没有形成有效的产业集聚，进而无法形成有机的产业链条，导致我国的多数企业对于企业科学技术研发的高昂的成本无法承受，投资存在较高的风险。因此，在科学技术创新方面，要构建和完善循环经济研发创新体系，整合高校和民营科研机构，加大重点项目工程的科技创新力度，综合利用技术改造创新项目，进而逐步推进我国循环经济技术创新的步伐。

2. 增强技术领域的开发合作

（1）国内的技术研发。科学技术是第一生产力，但是在现有国情下，通过政府、企业和科研单位的有机结合，我国仍旧存在一定的技术障碍，因此要加大相关的技术开发和应用，建立有效的技术支撑体系，主要包括资源的高效开采和利用技术、产品的高附加值工艺技术、环境的污染环保技术、废弃物回收循环利用技术等一系列技术领域的关键技术开发，当然这都要以产业链为循环经济发展主线，以高素质的科研人员为动力，以完整系统的设备设施为基础。因此，我国可以从政府层面积极引导我国企业在产业集群的基础上形成有机的产业链，把循环经济的技术研发推向高速和高效的道路上。

（2）国际的技术合作。我国已经与比利时、荷兰、瑞典、德国、意大利等多个国家签订了环境合作的谅解备忘录和合作协议，加大了国际技术的交流。当今世界各个国家之间对于循环经济发展的技术合作越来越被重视，联合国环境规划署、世界资源保护协会等国际环保组织等一系列的国际环保组织相继成立，并在瑞典斯德哥尔摩通过了《人类环境宣言》，同时签署了相关的环保声明和颁布了相关的法律，因此，我们可以看到国际上把经验技术的交流合作作为重要的任务实施。目前，我国的循环经济发展仍旧处于初级阶段，因此我国与国际关于循环经济发展的先进技术和理念的合作极为重要，这可以使我国分享国际上先进的循环经济研究成果，进而可以避免我国在技术层面上的问题。

3. 绿色技术与政策的实施

我国的目前情况是以环境和资源为代价发展社会经济，这导致国民经济核算中没有去掉资源消耗和环境污染带来的经济损失，是一种失真的非绿色统计计算，这与循环经济的发展要求不协调，也制约了循环经济的发展。因此，我国政府机构要建立相应的绿色经济制度并尽快实施。

（1）绿色技术的开发和体系建设。绿色技术是一种调高资源有效利用率，并且与环境和谐共存的一种新型生态技术。绿色技术的开发关键是积极采用无害的新工艺技术来降低减少能源和资源的消耗，实现少投入、高产出、低污染的绿色生产技术，同时注重绿色环保技术体系的建设，把眼光从单个独立企业扩展到整条产业链上的产业集群，进而建立一批绿色的生态产业集群。绿色科技的开发和体系建设是把循环经济技术与管理相结合，进而实现我国循环经济发展所需的现实生产力。比如在节水技术方面，能够使我国农业技术与水利工程相结合来充分合理利用水资源；在废弃资源再利用技术方面，通过废弃物再制造技术进行修复和改造使其恢复功能或更新功能，进而延长设备设施的使用寿命。

（2）政府绿色采购政策的实施。所谓的政府绿色采购就是在政府的采购系统中引进环境评估、评估方法和实施程序，并且在采购的过程中选择符合国家标准的产品和服务。政府绿色采购政策的目的是保障经济平稳发展、维护生态平衡的内在要求；是建立完善的绿色消费市场的驱动力量，是为我国树立负责任的良好国际形象的重要机遇；也是促进环保技术进步的导向性政策。我国长期以来缺乏对环保产品的关注和缺乏创新自主知识产权技术，已经无法满足日益增长的绿色消费的需求，因此，我国政府的绿色采购政策能够引导国际和国内的投资规模和方向，进而能够帮助技术供给者和社会投资者对技术创新的路径形成新的理解和预期。我国政府实行绿色采购政策不仅从法律法规上明确界定，而且从资金和政策上给予了有力支持，从而促进我国相关单位对环保产品的自主创新，推动循环经济的进程。

4. 提高资源利用率

（1）提高资源利用率。绿色产品技术含量低会影响我国资源环境综合利用技术水平。因此，应通过国家政府部门的资金注入，逐渐解决生态工程技术、生态环境科学研究等方面的建设的资金问题。另外，我国可以引进吸收国外循环经济方面的先进技术，把废物循环利用的技术、有毒害原料替代技术、绿色再制造技术等运用到产业链当中，尽可能拓展产业链和提高循环经济技术的综合能力。例如，重工业单位建立水循环供应站来提高水的利用效率，回收废纸循环再利用等。

（2）建立科技支撑体系。循环经济的发展目标是建立资源节约型和环境友好型的社会，这一切的实现都离不开科学技术的发展，只有建立科学技术支撑体系才能够为循环经济的发展提供可靠的保障。发展循环经济的先进技术包括清洁技术、生产工艺技术、废弃物循环利用技术等，其中无害化工艺技术的发展水平对循环经济的发展具有重大意义。因此，政府和企业要加大对无害化工艺技术的研发，投入使用资源开发、生产加工、消费流通全过程的循环经济技术支撑体系。另外，也可以通过引进培养先进的科技人才、研发相关科学技术、制定相关激励机制、引导市场与科技的联合等一系列手段来建立科学技术的支撑体系，为我国的循环经济的发展提供系统的发展空间。

（三）政策法律保障

国际上循环经济发展的成功经验告诉我们，应该重视对循环经济法律法规的制定，明确生产者和消费者所必须履行的责任和义务，只有这样才能促使我国的循环经济步入法制的轨道。因此，我国必须尽快建立完善的法律法规制度体系来促进循环经济的快速发展。

1. 调整产业结构，转变传统经济增长模式

（1）调整产业结构。传统的粗放型产业结构已经严重影响了我国循环经济的发展，因此，要从科学发展的角度来调整产业结构。首先，要严格控制高耗能和高污染产业的发展，运用循环经济的理念改造老工业基地；其次，要加快发展低消耗和低排放的第三产业，使用高新设备技术来弥补传统产业的弊端；最后，大力发展新能源的开发利用。

（2）转变经济增长模式。传统的经济增长模式是依靠劳动密集型的投入和资源能源的过度消耗的粗放型外延增长方式来完成经济的增长，因此，我国应当坚决扭转这种高耗能、高污染、低产出的被动局面，转变传统的经济增长模式，大力发展循环经济，逐步构建资源节约型和环境友好型的经济增长模式。一方面从推广生态农业着手，全面发展建设农、林、牧、副、渔五大生态产业链，推进城镇化建设，消除城乡二元分割现状，把循环经济的发展理念根植于农业经济发展过程中；另一方面从信息化工业发展着手，以信息产业带动工业，以工业发展促进信息化的发展道路，把传统的劳动密集型产业转变为技术密集型产业，进而减少污染和资源浪费，同时实现经济的可持续发展。

2. 实施信贷优惠政策，加大政策扶持力度

（1）实施信贷优惠政策。由于我国循环经济机制不健全，相应的法律法规执行不到位，还有我国多数企业没有在产业链的引导性上形成有效的产业集群，导致我国政策扶持难度大，因此出现了企业开展综合利用和自主清污的过程中资金短缺。面对我国企业的现有状况，我国政府可以最大限度地加大扶持力度，实行信贷优惠政策，为企业发展循环经济提供足够的资金支持。例如，在生产环节，对企业的开发和生产过程中产生的废弃物回收利用而生产出的产品免征增值税；在流通环节，免除企业所得税来鼓励企业回收和经销废弃物的积极性；在消费环节，鼓励消费者对清洁能源的使用，对高档消费品和消费行为实行高税收。

（2）加大循环经济投资力度。我国大力提倡循环经济的发展，国家投资体制改革的过程将逐步完善我国发展循环经济的投资体制，加大循环经济的投资力度。当循环经济技术在民间短期投资收益不明显的时候就需要政府对此进行资金扶持来完成，如工业废渣吸收二氧化硫的清洁生产技术、建筑垃圾制砖等。另外，应当改变我国现有单一资金投资的现象，引导社会民间投资，这不仅可以加强资金的流动，还可以通过投资来拉动内需。例如，城乡基础设施建设、生态资源的保护、环境的综合治理等，循环经济的发展需求巨额资金，我们可以鼓励民间投资来吸收社会上的闲散资金，进而推动循环经济的发展。

3. 明确生产者和消费者责任，解决废弃物的产出量

（1）明确生产者和消费者的责任。综观世界各国推行废弃物回收循环利用的成功经验，最重要的就是通过法律法规明确了相关利益者的责任和义务。对于生产者而言，生产者的责任延伸到承担回收循环利用所承担的相应费用；对于消费者而言，实行正确处理废弃物奖励基金制度。明确生产者和消费者责任的好处包括三个方面：首先，使国家的管理政策有了明确的管理对象，也为政府的管理提供了法律依据；其次，为开展废弃物回收循环利用提供了资金保障，减轻了政府的财政压力；最后，有利于激励生产者和消费者通过各种措施减少废弃物的产生。

（2）废弃物的源头控制政策。在经济飞速发展的时代，把废弃物的产生从源头控制好无疑是一个可行的好政策。循环经济发展成功的发达国家都十分重视废弃物的源

头控制，都希望在源头减少有毒有害物质的使用，进而减少循环利用过程中带来的环境污染。例如，在电子产品生产过程中，提倡产品的生态设计，采用模块化、元器件易拆解等措施来促进循环利用；把高耗能、高污染、高排放的重工业单位，利用循环经济理念改进生产线来解决废弃物的产出量。

4. 发展循环经济，完善法律法规政策保障

（1）发展循环经济的法律法规保障。"循环经济的发展涉及社会、经济和环境的各个方面，必须建立有效的行政管理机制和相应的循环经济法律法规"[①]。虽然我国已经形成了不少有利于循环经济发展的制度和法律框架，并出台了促进循环经济发展的基本法——《循环经济促进法》，但是我国现有的法律法规体系所涉及的深度和宽度都无法满足循环经济发展的需求，还缺乏系统和深入的论述。因此，我国需要尽快完善法律法规制度，形成一个相对完备的循环经济发展政策体系。例如，《废旧家电回收利用管理办法》《强制回收的产品和包装回收管理办法》《清洁生产审核办法》《中国节水技术大纲》等一系列法律法规的制定，进而为我国依法推进循环经济的发展奠定法律基础。

（2）完善我国循环经济市场准入和资质认定制定。市场准入制度旨在规范可再生资源市场准入。由于我国企业多数规模偏小，生产设备技术落后，没有形成产业集群，进而造成了市场的无序竞争、大量的废弃物资源浪费、废弃物回收循环利用率低等问题，因此，需要制定循环经济市场准入机制来提高企业进入的门槛，这不仅可以促使有实力的企业强势进入，还可以促使技术相对落后的企业进行整顿来提高自身实力。另外，对于可再生资源回收利用的企业，我们可以从法律的角度对其进行资质认定，规定其实施可再生资源回收利用的技术条件和实施手段。对于从事可再生回收利用事业的工作人员也进行资质认定，例如，举办职业培训、职业技能鉴定等措施。因此，完善我国循环经济市场准入和资质认定制度不仅可以提高企业的整体实力和工作人员的素质，而且可以很好地促进循环经济的发展。

[①] 李鹏鹏. 产业链视角下我国循环经济的发展研究［D］. 武汉：华中师范大学，2013，34.

第六章　全球化重塑背景下我国经济产业链创新实践

第一节　北极冰融对我国地缘经济的影响

北极是受全球气候变化影响最为显著的地区。北极地区的积冰消融使其航道、油气等资源开发价值逐步凸显。对于我国而言，北极冰融带来了北极航运、油气、渔业及旅游业开发机会，对我国经济发展和资源供给优化均具有正面影响。在各方面影响中，北极航线开通的地缘经济影响最大，2030年和2050年，东北航线承载物流价值有望达到我国外贸总额的3%和5%，成为我国与欧洲贸易的重要通道，西北航线亦可承载一定货物运输。北极油气商业开发潜力很大，但是目前面临诸多风险，可视为长期战略性资源。北极渔业及旅游业开发也具有一定价值。对此，我国应当找准自身定位，以合作开发为主要手段，稳步推进北极开发活动，在观测和基础科学研究、相关制造业培育、基础设施建设、治理参与等方面扮演重要角色。

近年来，有关地缘经济研究主要集中在北极航线、油气资源开发、渔业、旅游等方面。在北极航线方面，已有研究主要从北极海冰融化与航运价值之间的关系着手，对其经济效应进行比较分析。与传统航线相比，经由北极航线，东亚与欧洲和北美的大部分港口之间的航行距离缩短，因而存在潜在的经济开发价值。燃油价格、通航费用、船型等因素都对北极航线的相对经济价值产生影响。北极航线中，东北航线较西北航线具有更大的经济开发价值。随着海冰消融的加速，在2023年有希望实现对传统航线的经济优势，而西北航线的商业开发则要推迟。

北极航线的开发不仅要考虑传统航线的替代关系，也要分析未来铁路、航空等其他运输方式的竞争。北极航线的开通将对全球航运格局产生全方位的影响，其中既包括新旧航线替代，也包括港口兴衰，进而带动沿海经济格局的改变。对于全球不同区域而言，北极航线开通的影响差异较大。就我国而言，北部沿海地区，北极航线对于航运、贸易均可产生积极影响。另外，北极航线开发也面临着较大的风险与挑战，主要包括自然风险、航行安全、法律问题和政治风险。

就油气资源方面而言，已有研究主要从其资源储量、环境影响、围绕油气开发的地缘政治形势等方面进行研究。北极是全球油气资源最为丰富的地区之一，开发潜力很大。北极地区生态环境脆弱、气候恶劣，油气资源开发面临较高的安全风险与环境风险。随着北极变暖，油气资源开采价值逐渐提升，北极国家和世界主要大国围绕油气资源开发的地缘政治博弈加剧。对于我国而言，北极油气资源开发能够促进我国油气资源进口多元化，对于保障国家能源安全具有重要意义。受地理位置、国际政治格局等因素影响，我国参与北极能源开发面临诸多困难，应当选择合适路径。"冰上丝绸之路"建设为北极油气开发提供了良好合作平台，亚马尔液化天然气（LNG）项目的成功开发，探索了我国合作开发北极油气资源的可行模式。

北极冰融的其他经济影响还包括渔业资源开发、金属矿产开发和北极旅游等。北极变暖、海冰消融导致北冰洋海洋生态系统变化，部分渔业资源向高纬度地区移动，从而形成新的渔场。围绕着渔业资源的管理和开发，北极国家正在尝试建立合作管理机制，然而仍存在较大分歧。我国应当持续关注北极渔业资源，积极参与制定区域性管理框架，推动渔业资源的保护和可持续利用。北极还拥有丰富的煤炭资源和金属矿产资源，在未来的开发价值将逐步显现。北极地区拥有独特的自然景观、生态系统和社会文化，发展旅游业的条件得天独厚，作为低敏感度的经济活动，北极旅游可以在我国与极地国家的经济、政治、文化交往与合作中发挥独特作用，可以成为我国积极参与北极开发的良好切入点。

北极地区气温上升幅度明显大于全球平均水平。特别是在1995年以后，变暖进程更加明显。这期间北极圈范围内的年平均气温较正常水平（1961—1991年的平均气温）升高了约1℃。其中，10—11月的气温约比正常水平高5℃。2007年和2012年，北极地区夏季海冰面积先后创下了历史最低纪录。绝大部分模型显示北极区域的气温将持续变暖，年平均气温上升幅度从 1～9℃（2～19℃）不等。秋季和冬季气温上升最明显，而夏季气温上升并不显著。目前，全世界温室气体排放增加仍未得到有效遏制，即使大气中温室气体浓度保持当前水平，北极地区由于接受热辐射增加，加之全球变暖的北极放大效应[1]，其气温上升的趋势已经难以扭转。北冰洋海冰消融将成为持续的、难以逆转的自然现象。根据IPCC[2]第五次报告，北冰洋夏季海冰可能在2050年基本消失。这将促进北冰洋通航、沿岸石油和天然气开采、海洋捕捞业开发，从而对我国产生多方面的地缘经济影响。

一、北极航道开发对我国航运经济的影响

海冰融化提高了北极海域的可通航性，降低了海上航行、油气开发、捕捞、旅游等商业活动的成本。此外，通航条件的改善也促进了北极沿海地区与全世界的联系，使之有可能纳入全球经济贸易网络之中。这在很大程度上使北极区域的地缘经济价值进一步彰显。

北极航线具有巨大的商业开发价值。北极航线的开通意味着欧洲、北美洲和东亚各个经济体之间的航行距离缩短了数千千米，并节约了较长的航行时间。因此，北极航线的地缘经济影响是全球性的，并不限于北极地区。特别是对于中国、日本和韩国等出口占经济比重较大的东亚经济体，北极航线在提高其制造业竞争力、促进出口方面的作用更为突出。一般所指的北极航道有东北航道、西北航道和中央航道三条。

第一，东北航道主要沿俄罗斯北部海岸线通行。1931年开始用于国内航运，1991

---

[1] 北极放大效应，指的是全球变暖背景下，北极地区升温幅度大于全球平均的现象。也叫"极地增温放大"。

[2] IPCC是IP呼叫中心的简称，本质上是以IP技术和IP语音为主要应用技术的呼叫中心构建方式，即利用IP传输网来传输与交换语音、图像和文本等信息。

年起对外国船只开放。目前东北航道通行以俄罗斯籍船舶为主,兼有少量其他船旗国船只。随着俄罗斯北极区域油气资源开发规模的增大,有望有更多船舶通过东北航道。

第二,西北航道穿过加拿大北部海域。这条航线实际上由几条可替代的路径组成,其中最南侧的航线已经开放。这条航线上浮冰多为一年冰,通航条件较好,但部分航段比较狭窄或水深较浅,对通过船型限制较多。北侧的航线虽然较为通直且深度较大,但浮冰厚度也更大。总体而言,在当前气候条件下,西北航线通航条件不如东北航线。目前,通过船只以邮轮和科考船为主,商业货运船舶极为罕见。

第三,中央航道穿过北极点附近海域,在三条航道中航程最短,目前全年为冰层覆盖,尚不具备通航条件。

(一)北极航道开发对我国海运成本的影响

由于北极点处于欧、亚、北美三大洲的顶点,所以对于近北极的东北亚国家,北极航道的开通将极大地缩短中国海运的洲际距离,降低海上运输的成本。北极气候影响评估报告(ACIA)中指出:利用北极航道,北纬30°以北的任何港口之间的距离将比利用苏伊士运河和巴拿马运河节省接近40%的航程。

目前,中国海运远洋航线主要由四条贸易航线和五条能源航线构成。四条贸易航线指的是:中国—日本—北美的东向航线、中国—印度洋—地中海—欧洲的西向航线、中国—东南亚—澳大利亚的南向航线和中国—日本海—俄罗斯远东的北向航线。五条石油运输线包括:波斯湾—霍尔木兹海峡—马六甲海峡—台湾海峡—中国大陆的中东航线、西非—好望角—印度洋—马六甲海峡—台湾海峡—中国大陆及北非—直布罗陀海峡—地中海—苏伊士运河—红海—亚丁湾—印度洋—马六甲海峡—台湾海峡—中国大陆的非洲南北两条航线、马六甲海峡—台湾海峡—中国大陆的东南亚航线、南美东海岸—墨西哥湾—巴拿马运河—琉球群岛—中国大陆的南美航线。其中最主要的是到达美洲和欧洲的两条主干航线,分别经过巴拿马运河及苏伊士运河。受水深的制约,这两条运河都对货轮的吨位有限制,吨位大一点的货船需要绕道非洲南部好望角或南美洲南端。这样不仅增加了航行里程,也提高了贸易成本。在此,北极航道的优势就得到了明显体现。

如今，从欧洲到太平洋一般有 3 条主要航线，分别经苏伊士运河、巴拿马运河和非洲好望角到达太平洋。这 3 条航线的航程最短为 19 931 千米，最长则为 26 186 千米，而从东北航道到达太平洋只有 12 456 千米。中国经济依赖出口，如果通往欧洲和北美的航程缩短，可降低中国从非洲和美洲运输原油和其他大宗商品的成本。目前，中国 70% 以上的对外贸易都依赖海上运输，海运堪称国际贸易的生命线。而航行里程又是海运成本的关键因素，因此，航程的缩短必然降低海运的成本。就目前航运地理格局而言，中国与西欧以及北美之间贸易航线迂回、绕航现象较为严重，导致运输成本过高，产品贸易周期长，不利于资源的优化配置。北冰洋航线如果开通，将成为新的"大西洋—太平洋轴心航线"，使中国在现有东、西向两条主干远洋航线上再增加两条更为便捷的到达西欧和北美的航线，即到北美东部沿海港口走"西北航线"，到北欧、西欧和波罗的海港口走"东北航线"从中国东部沿海港口，通过"西北航道"到达北美东岸的航程，比目前经过巴拿马运河的航程缩短 2 000 ~ 3 500 海里；而通过"东北航道"，从我国东部港口到达欧洲的距离比经由红海和地中海的航线缩短许多。以上海港为例，上海到欧洲西部、北海、波罗的海等地港口的航程将缩短 25%，上海以北的港口最多可缩短 55% 的航程。航程缩短带来的海运经济成本是非常显著的。如果"北极航道"完全开通，我国每年可节省 533 亿 ~ 1 274 亿美元的海运成本。

在其他条件不变的情况下，航程的缩短至少会有三种效益：①单航程时间的缩短。运输时间的缩短将提高船公司的服务质量和其自身的竞争力。②单航程的成本降低，利润增加。③全年航次数的增加，使得利润进一步增加。由于里程的优势，北极航线可比传统远洋航线节约 11.6% ~ 27.7% 的运输成本。海运的主要成本为油耗，比重可占到总成本的 50% 以上。伴随着油价的不断上涨，油耗在海运总成本中所占的比重也越来越大，则北冰洋航线航程短的优势也就更加明显。

除了油耗成本，海运成本还包含了许多其他因素。船舶总成本主要分为经营成本、航次成本和资金成本。远洋航线的海运成本主要包括燃料费、港口费用、保险费、日常维护和保养费、船员成本、船舶折旧费用等。如果船舶航经北极航道时存在北冰洋海冰尚未完全融化的情况，则还有可能产生租用破冰船领航和海冰冰情监测预报等特殊服务费用。

除了缩短航程外，北极航道还可以使船舶避开目前国际日益拥堵的传统航道。以目前海上货物运输量每年递增6%的发展趋势，苏伊士运河和巴拿马运河的通航能力将于21世纪中叶达到饱和。作为连接欧亚的传统航道，苏伊士运河的通行能力已渐趋饱和，堵塞现象严重。苏伊士运河平均每年有16 000～18 000艘船次的通行量，基本达到了最大限度，船只通行这条长198千米的运河平均需要4～5个小时，严重堵塞时则需要28个小时，通行不畅影响了航运速度。

此外，巴拿马运河、苏伊士运河对经过船舶有船宽、吃水、载重吨等船型条件的限制。目前，各海运枢纽的载重吨上限为：巴拿马运河8万吨，马六甲海峡10万吨，苏伊士运河16万吨。拥堵的河道将导致超大型船舶无法通航，然而伴随着中国经济贸易的飞速发展以及进口能源量的不断提升，我国海运对于超大型船舶的需求也愈加迫切，中国庞大运输船队的加入，势必进一步加剧传统海运航道的拥挤程度。

目前，中国严重依赖波斯湾提供的大量石油，其中约60%的份额必须通过马六甲海峡。马六甲海峡是连接印度洋和太平洋的水道，因其繁忙的海运和独特的地理位置，被誉为"海上十字路口"。马六甲海峡虽然长有805千米，但最窄处只有37千米宽，深度25米，有些巨型油轮时有搁浅，已经不适用于身躯日益变得庞大的中国船只。因此，北极航道的开通在拥堵的传统航道之外为中国添加一条更为便捷可靠的额外选择，规避在原有运输格局中的种种限制，有利于中国实施海洋交通运输的多元化。在北冰洋广阔的海面上，未来中国的庞大船队将实现自由畅行。

（二）北极航道开发对我国海运安全的影响

安全是海运活动正常运行的关键因素和重要保障。我国作为海运大国，海运运行安全对我国的经济发展和大国地位至关重要。目前的国际环境还受到许多传统及非传统安全威胁的影响，这些因素都给海运运行安全带来了诸多风险。北极航道的开通将在现有的国际航运格局基础上，降低我国海运所面临的因国家间关系和其他问题所引起的航运风险。

中国的四大贸易航线分别经过日本、印度洋、东南亚等地区。这些地区对于中国而言，均属于不同程度上的政治敏感区域，而沿路的海域和港口又受制于人，一旦我国与相关国家出现国际关系上的紧张，则势必影响我国的海洋运输及贸易。过往船只甚至面临被扣留、处罚的境地，而航行人员也会受到相应的人身自由及生命财产安全的威胁。

我国的资源对外依存度很高，其中石油对外依存度为54.8%，铁矿石对外依存度为53.6%。因此，确保这些资源的供应及运输是我国经济安全的重中之重。我国传统的石油资源进口来自中东，中东地区一直动荡不安，威胁着我国的石油供应。我国石油资源的运输航道一般要经过马六甲海峡、苏伊士运河、亚丁湾等全球战略要地和危险海域。这一运输航道不仅航程远、风险大，而且被其他国家所控制。我国如果与其他国家产生矛盾，海上运输生命线就有被完全切断的危险。中国的主要能源航线极大依赖于巴拿马运河和苏伊士运河，这两大人工运河承担了大量的国际贸易运输。中国作为两条运河的超级用户，其能源通道同样面临着受制于人的威胁。

苏伊士运河所处的中东政治形势复杂，其极不稳定的政治局面影响了附近海域的安全系数。中国船只航经中东地区时会面临相当高的政治风险。目前中国虽然已成为海运大国，却还远非海上强国，海上力量的薄弱，使得中国的全球海洋运输存在巨大的"安全赤字"。

总而言之，中国亟须找到一条政治风险低，航行安全稳妥的远洋运输航线。如果北极航道开通，将使中国现有东、西向两条主干远洋航线上增加两条更为便捷的到达欧洲和北美洲的航线，届时，途经马六甲海峡、巴拿马运河、索马里海域和苏伊士运河等政治敏感区的风险将降低。

（三）北极航道开发对我国海运空间格局的影响

北极变暖是一个持续的过程。目前，北极航线的运输量在全球海上运输中的占比很低。我国虽有货轮通过东北航线的记录，但多属于试航性质，尚未开拓形成较为成熟的商业航线。

与在温带、热带海域相比，北极海域通航成本更高。首先，不可预测的冰流增加了北极航行的成本。对于东北航道和西北航道而言，来自更北方的流冰和陆源冰对航行是极大的阻碍，而目前北极观测数据尚难以对流冰进行准确预测。其次，北极恶劣的气候增加了航行难度。除了低温，暴风雨（雪）在北极地区也十分常见。再次，北极航行往往需要破冰船护航，即使在开放水域中航行，船舶也需要加固处理。最后，俄罗斯、加拿大北极国家对北极航行做出了强制引航、环保等额外要求，增加了通航成本。因此，估算北极航线对现有传统航线的替代作用，不仅要考虑航行距离因素，也要考虑到其他成本因素。

对于海上货物运输，其通航成本可以用以下公式来表示：

$$TC = C_i \times S_i + C_w \times S_w + u \quad (1)$$

其中，TC 代表单位重量的货物海上运输的总成本。我国经北极通往欧洲、北美洲的航线由北极航段和非北极航段组成。公式中，S_i 代表在北极海域运输距离，C_i 代表北极海域航行单位里程的平均成本；S_w 代表在非北极海域运输距离，C_w 代表非北极海域航行单位里程的平均成本，u 与航行距离无关代表其他成本。北极运输单位里程平均成本与其年度可通航时间存在一定负相关关系，这是由于北极航线的港口、导航、补给等基础设施均存在规模经济，随着利用率的提高，其单位成本不断下降。

为更直观描述北极航线与传统航线的可替代关系，采用了成本替代线的方法，即对于始发港（为简化计算，本文均以上海港为始发港）与目的港之间的航路，均选取传统航线与北极航线两条路径，对两条航线航行成本进行比较。两条航线成本相等的目的港之间的连线，即为成本替代线。对于成本替代线以北的目的港，北极航线成本低于当前航线；对以南的目的港而言，北极航线高于当前航线。对于绝大部分目的港而言，传统航线的北极航段里程为 0，北极航线的北极航段里程按 6 000 千米计。为简化运算，我们假定两条航线的非北极海域的单位里程运输成本与固定成本相等。由于影响未来北极航道航运成本的不确定因素较多，目前尚未有合适的模型可以用于精确的成本预测。按照以上条件，在假定我国对外贸易海上物流空间格局不发生重大改变的前提下，我们计算出了 2030 年和 2050 年北极航线对传统航线的替代作用。

到 2030 年东北航道有望最高承担我国对外贸易海上物流总量的 3%，对传统的海上丝绸之路航线起到一定的分流作用，并成为一条重要的备用航线。西北航道基于航行成本和风险的原因，在海上货物运输中发挥作用有限。到 2050 年，随着航行条件进一步好转和航运规模经济的出现，东北航道有望承担我国海上物流总量的 5% 左右，成为重要的季节性海上物流通道；西北航道有望承担我国海上物流的 1%。随着北极航线的逐步繁荣，白令海峡、维利基茨基海峡等水道对我国的重要性不断提升，成为我国海上物流的重要水道。

二、北极地区矿产资源开发对我国经济的影响

北极矿产资源主要包括石油天然气、煤炭和金属矿产资源，其中以油气资源开发潜力最大，对我国的地缘经济影响也最为显著。

（一）北极地区矿产资源开发对我国油气资源的影响

北极地区蕴藏着丰富的石油和天然气资源，是地球上未勘探油气资源的最大储藏区。世界上 30% 的未发现天然气和 13% 的未发现石油可能位于北极圈范围内。北极地区大约有 900 亿桶石油、1 669 万亿立方英尺的天然气和 440 亿桶液体天然气储量。

海冰消融在改善北极区域通航条件的同时，也改善了浅海和沿海油气资源开发条件。就目前而言，随着夏季冰盖的萎缩，以及无冰期的延长，美国、俄罗斯、挪威等北极国家加大了对北极区域油气资源的勘探力度。但是，也必须注意到，即使在当前气温升高、海冰消融的条件下，北极海域和沿海陆域的油气勘探开发条件依然十分恶劣。冬季的低温、海冰和恶劣天气给采掘和运输活动带来极大的挑战，不仅加大了油气平台、码头、储存设施的技术难度和资金投入，也给油气开发经营带来了更大的风险。尽管如此，北极地区正在成为各国油气生产的重要接续区。由于未来美国页岩油和致密油的产量可能逐步下降，到 21 世纪中叶，北极海域将成为美国油气生产的重要接续区，在维护国家能源安全中发挥重要作用。

1. 北极冰融对我国石油供应格局的影响

我国是石油进口依赖度极高的国家。我国原油进口范围比较广，几乎涵盖了所有的石油生产大国。分区域计算，我国原油进口主要来自中东（占进口总量的43.4%）、非洲（19.7%）、欧洲国家（17.5%）以及南美洲和北美洲（15.9%）。其中，绝大部分原油进口要通过印度洋—南海航线，走北极航线并不具备经济性。在不考虑北极地区自身油气开发的前提下，未来有可能通过北极航道运输的进口来源国仅有英国（2.0%）、挪威（0.3%）和加拿大（0.1%）。目前主要通过输油管道和太平洋沿岸的科兹米诺港向我国运输原油。油气运输成本与油气储备规模和运输距离有关：大规模运输、距离超过5 000千米的，海运相对成本较低；小规模运输、距离小于5 000千米的，管道运输成本较低。未来，如果北冰洋沿岸地区的油气得到大规模开发，综合考虑气候、运输成本和风险等因素，以及政治方面能源出口多元化方面的考量，有可能采用"管道太平洋沿岸港口"和直达海运等两种运输方式兼顾的模式。

因此，北极地区对我国油气供给的影响，主要应当从北极油气资源开发的可行性方面考虑。海冰融化为北极近海石油开采创造了条件，也降低了北极周边陆域油气开采的基建成本和运输成本，因此，总体上提升了北极油气开采的经济性。作为世界最大的油气进口国，北极油气资源的开发，对于我国进一步优化油气供给空间格局、提高油气供给安全性，具有重要意义。未来，随着俄罗斯传统油气生产区资源枯竭问题逐步加剧，以及我国在其油气出口市场中重要性上升，俄罗斯冰上丝绸之路沿线油气开采规模将逐步加大，这为我国企业积极参与其油气开发，以及关联基础设施建设等活动提供了机会。

2. 北极油气开发的风险与不确定性

北极油气开发也面临着极大的市场风险，主要表现在应对国际价格变化的能力薄弱。以美国阿拉斯加周边海洋油气开发为例，据美国海洋能源管理局（BOEM）统计，在油价暴跌期间，各石油公司相继放弃了在博福特海和楚科奇海规划区内持有的90%以上的租约。另外，北极海上油气开发的制约因素不仅来自市场，也来自北极地区的低温、冰冻和风暴。相对于低纬度海域，自然灾害对北极海上油气生产带来更大的风险。一旦发生原油泄漏，不仅给生产企业造成经济损失，也会对周边海洋环境带来严重的生态损失。由于北极海上油气开采区地处偏远、气候恶劣，灾害救援的成本极高，且效果不确定。因此，北极国家对油气开发大多持慎重态度。

总而言之，高昂的成本、潜在的安全风险、摇摆不定的政策，这些都是我国参与北极油气资源开发所不得不面对的不利因素。北极油气资源开发进程与国际原油价格波动密切相关。只有当国际原油价格长期保持在较高水平时，北极油气开发才具有经济可行性。

3. 北极油气开发对我国的经济影响

我国是油气资源相对贫乏的国家。随着油气消费量的增加，油气自给率逐年下降。我国的石油进口依赖度高，且海洋运输通道相对集中，约有80%的进口石油需要通过马六甲海峡，这进一步增大了我国油气安全风险。近年来，我国加大对海外油气田的投资，在非洲、南美洲、中东等地形成了一定规模的油气开采能力。但海上油气运输通道过于集中的问题仍未有效解决。推进北极油气资源开发，将进一步扩大我国北向油气通道供给能力，优化油气供给空间格局。从这个意义上来看，依托冰上丝绸之路建设开采北极油气资源，已经成为我国油气安全战略的重要组成。

我国与俄罗斯合作开发的亚马尔天然气项目于2017年12月正式投产，标志着我国北极油气资源开发进入了实质性操作阶段。亚马尔项目一期工程年产能达550万吨液化天然气（LNG）。未来，随着亚马尔项目二期以及其他油气开发项目的开发，北极地区油气开发规模将逐步扩大。此外，由于亚马尔项目采用了新的合作模式，我国公司承建了大部分建设工程，包括采油设施和部分LNG船、凝析油船等。预计，随着中俄冰上丝绸之路共建油气开发合作的持续深入，依托油气开发和储运项目，有望在北冰洋沿岸形成若干个油气开发配套产业集聚区，并形成相当规模的油气关联产业。

（二）北极地区矿产资源开发对我国其他矿产资源的影响

北极地区拥有比较丰富的煤炭和金属矿产资源。气温上升导致陆地冰川和冰盖逐渐消退，使原本被冰层覆盖的矿床暴露出来。这为矿产资源勘探和开发提供了条件。

同时，海冰的减少使重型装备可以通过海运抵达原来无法到达的偏远地区，并利用海运将矿石运送到全球。一些铁路和采矿公司已经考虑发展铁路和其他基础设施，以便全年运输矿石。与油气开发相比，矿产资源开发周期更长，对区域经济的带动作用更为持久。但是，北极变暖也带来了一些不利因素，例如，永冻层融化造成基础设施地基不稳、季节性冰雪公路运输期缩短等。

北极气温上升带来的陆地冰盖融化，降低了铁矿、煤矿等矿产资源开发的成本，使一些矿产的商业开发成为可能。这为我国参与有关矿产开发提供了条件。由于对有关矿产的勘探还非常不充分，因此对其开发规模、成本、风险等因素尚不能完全评估。由于我国铁矿、煤炭等资源稀缺性相对较小，对其开发主要基于其经济性，而北极地区极不完善的基础设施、恶劣的气候和缺失的配套产业，都在很大程度上提高了矿产资源开发成本。在可以预见的时间内，这些矿产还很难得到大规模的商业开发。

三、北极地区渔业资源开发对我国经济的影响

北极地区还蕴藏着丰富的渔业资源。目前，北冰洋及周边的商业捕捞活动主要分布在欧洲北部的巴伦支海和挪威海、格陵兰岛和冰岛附近的中北大西洋、俄罗斯和美国外的白令海（阿拉斯加）以及加拿大东北部的纽芬兰海和拉布拉多海。随着北极区域海冰的消融，商业捕捞活动有望逐步向更高纬度延伸。为防止出现不可控的滥捕行为，北极五国已经开始建立渔业资源管理机制。

捕捞渔业是北极气候变化催生的一项新兴产业。海冰融化使商业捕捞的边界大大向北推移。但是，渔业资源分布随气候变化而改变的幅度尚未得到充分评估。对于北冰洋的潜在渔业产量只能采用类比法来推算。根据全球海洋渔业区域划分，北冰洋渔区面积733.6万平方千米。与之地理空间及面积接近的渔业区有西北大西洋渔区（520.7万平方千米）和东北太平洋渔区（750.3万平方千米）。由于北冰洋渔业资源状况不及上述两个区域，且受冬春季冰盖覆盖、夏秋季浮冰和恶劣天气影响，北冰洋可捕捞海域面积和可捕捞时间均远小于上述两个渔业区。因此，北冰洋渔业区可捕捞的最大潜力应当不超过100万吨。

另外，极地渔业资源的脆弱性高，一旦过度捕捞造成资源衰退很难恢复。国际环保组织对极地渔业多持抵制态度。极地国家政府对渔业资源的管理也趋于审慎。由于可开发极地渔业资源大多处于极地国家专属经济区范围内，且考虑到北冰洋的封闭性，其公共海域也必将逐步纳入多边协商管理，因此可以预见，北极渔业商业开发规模有限。由此可见，我国通过积极入渔，加大与北极国家在渔业方面的合作，每年能够获得的渔获物产量约在10万吨级水平。这相对于我国千万吨级的海洋捕捞渔业产量而言，是比较小的。总而言之，北极渔业资源开发对我国当前食物供给、水产品供给格局都不会产生明显影响。我国开发北极渔业的潜在收益远远小于北极航运和油气开发业。

四、北极地区旅游资源开发对我国经济的影响

对于货物运输而言，北极航线的季节性开放，以及夏季流冰对航道的影响，都是不得不面对的不利因素，在一定程度上增加了航运企业的经营成本和风险。但是这些因素对于邮轮，却并不是不能克服的困难。因此，随着北极海域通航时间的延长，北极旅游有可能成为最先发展起来的极地产业。我国是世界上最大和增长最快的旅游市场，邮轮产业是具有很大发展潜力的朝阳产业。相对于南极旅游，北极的景观和体验类似，但成本更低、旅游周期更短，市场优势明显。因此，我国应当大力推动以邮轮游为代表的北极旅游发展，将之与其他开发活动结合，以实现最大综合效益，增大北极开发的经济可行性。邮轮游在我国属于新兴产业。北极邮轮相对于常规线路而言，属于高端小众的旅游项目。对此，尚没有任何研究对北极旅游的规模进行预测。类比近年来兴起的南海邮轮游，即使以其年游客数量万人级规模计算，北极旅游在我国旅游业中所占比重也是非常小的。

总而言之，北极冰融将带来明显的地缘经济影响，促进相关航运、油气、渔业和旅游等产业发展。我国通过积极参与上述领域的开发，有望发展形成若干新兴产业，带动北极经济发展。各个产业领域的潜在收益存在明显差异，其中北极航运潜在经济价值最大，油气资源开发亦有较大经济潜力，而北极渔业、旅游等产业规模较小。随着北极各项产业的发展，以重要节点港口和油气开采区为基地，有望在北冰洋沿岸地

区形成若干小城镇，并发展形成以航运服务、油气开发服务和临港制造为主要内容的产业集聚区。这将在很大程度上带来滨海工程建筑和相关装备制造业的投资机会，有利于发挥我国产业比较优势，加快推动冰上丝绸之路建设。从国内影响来看，由于我国北方沿海港口通达北极航线均须通过朝鲜海峡。因此，从大连港到宁波－舟山港的沿海港口经北极航线的通航里程大体相当（大连港、青岛港、连云港、上海港到釜山港的航线长度分别为543海里、502海里、514海里、492海里）。这意味着北极开发对我国长江流域以北区域的经济影响大体相同，不存在显著差别。北极冰融带动产业开发对我国北方地区均可产生正面的经济影响。

五、我国积极利用北极冰融地缘经济机遇的对策

北极冰融对我国的地缘经济影响总体上是有利的，在诸多产业领域带来开发机遇。面向未来积极参与北极冰融带来的航运、油气、渔业、旅游等多方面经济活动，对于优化我国海上物流空间结构、促进油气来源多元化、推动北方沿海经济发展，都具有重要意义。但是，北极周边较为复杂的地缘政治经济格局，也对我国积极参与北极相关经济活动带来了诸多制约。因此，我国应当明确自身定位、制定合理策略、采用务实手段，积极参与北极开发活动。

（一）加快布局北极观测与基础科学研究

人类对北极地区的了解还很不充分，对北极的进入、认知和开发能力还相当有限。面对北极地区复杂多变的气象水文冰情，北极开发与保护的所有活动都离不开海洋基础研究的支撑。我国北极科考起步较晚，北极科研基础比较薄弱，技术水平不高，对北极认知不足成为我国参与北极事务的最大短板。此外，北极科学研究增进全人类对北极的认知，科学合作属于低敏感领域合作，易于为相关国家接受。因此，应将北极基础研究合作作为我国参与北极开发的切入点，加大投入，围绕北极气象、水文、冰情、地质、北极与全球变化等基础科学问题，开展深入研究，尽快使我国北极认知能力跨入国际先进行列。

第一，我国应加强北极基础科学研究。重点围绕以下关键领域：北极大气成分、变化过程及其对地表能量平衡的影响；北极海洋变化；海洋生态系统结构和功能；北极在全球气候系统中的作用；北极周边冰川、冰盖质量平衡及其对海平面上升的影响；北极冻土动力学过程及其对气候变化的响应。

第二，我国应推动北极观测网络建设。把握各国北极观测需求加大、合作意愿增强的有利契机，抓住人工智能、物联网、大数据技术全面与海洋大气观测技术融合的趋势，加强与北极国家合作，共建共享共用北极观测网络，增强北极认知能力。

第三，我国应利用好北极科学委员会成员身份，积极参与北极科学考察、科学研究和环境保护相关规划制订，发起和主导多边、双边北极科学计划，逐步在北极科学领域发挥主导和关键作用。

（二）奠定北极资源开发相关制造业基础

第一，发展北极船舶工业。围绕服务冰上丝绸之路建设，针对北极多浮冰、低温、多雾、多风暴等特点，以保障船体结构安全、船舶稳定性、机舱设备正常运行、船上人员与货物安全等方面为重点，加大技术研发力度，提升极区船舶建造技术水平，打造我国重要的极区船舶建造基地。针对低温下船舶重要部位易结冰等问题，优化船舶设计技术，培育专用加热除冰设备设计生产能力。

第二，发展北极油气开发及装备制造业。针对北极气象水文海冰环境条件，开发适合极区海域恶劣环境钻井作业的钻井船和钻井平台，开发专用耐低温材料、加热系统、抗厚冰层结构、抗风暴海浪冲击结构和锚泊技术等。培育具有破冰能力的LNG船建造能力。针对北极油气开发应急救援能力薄弱的问题，开发极区海域平台应急救助装备。

第三，发展北极海洋通用装备制造业。以极地导航、通信等通用装备为重点，发展极区海洋装备制造业。以极地适用低温钢、低温涂层技术为重点，研发耐低温、耐磨、耐腐蚀、易焊接的极地适用新材料，发展极区新材料产业。培育极地工程建筑设计建造施工能力，开发成套技术装备，发展极区海洋工程建筑业。

随着经济全球化的发展，我国的棉花产业面临机遇与挑战，要抓住下游纺织服装行业的快速发展和"一带一路"所带来的机遇，积极开拓新市场、充分使用新技术、努力培育新业态，有效促进棉花生产、加工、贸易全要素生产率优化提升，为产业发展提供充足新动能。

一、提高棉花的机械化水平

（一）研发适用棉花全程机械化的品种

由于地域不同，种植习惯不同，不同地区品种繁杂，造成一致性差，适纺性低，研发适合机械化作业的棉花品种（不一定是培育新品种，可以改良现有表现好的品种）具有重要意义。该品种的性状要求株型紧凑，适宜密植，果枝始节位高度大于等于20 cm，果枝长度适中一致，棉铃分布均匀，结铃性强，铃壳开裂性好，吐絮集中，纤维品质好，成熟早，对脱叶剂敏感的中长绒品种。同时，要求具有较好的抗病虫害和抗倒伏，以提高机采的效率和效益。

（二）完善机采棉花的配套栽培措施

与机采配套的栽培措施是棉花机械化的基础和保障，机采是最终体现和落实，不仅能够节约大量的劳动力，还能提高收益，振奋棉农植棉的积极性。与机采配套的栽培措施包括：

第一，研发要农机与农艺相结合，例如，行距60～80 cm较好，株距14～18 cm，密度8.25万株/公顷，棉株高度控制在110 cm以下为宜。

第二，所有的生产过程必须标准化，适合机采棉的技术要求和规范。

第三，规范的作业路线，如深松旋耕—灌溉—覆膜—播种—植保—中耕管理—化控—脱叶催熟—机采—打包—运输—秸秆收获—深加工。

第四，机采棉栽培管理要早播种、早化控、早管理，提高棉田分布"均匀度"和"透气透光度"，做到测土精准施肥，保证氮磷钾配比合理，精准施药，适时打顶，合理运筹肥水，争取目标籽棉产量 6 750 kg/hm^2。棉田机械采收技术是一项系统性现代化农业技术，包括机具机型、适宜品种、种植模式、水肥管理、化学调控、统防统治、籽棉清理加工等，其发展依赖于配套农艺技术的完善和标准化。

（三）做好机采农机设备研究方向定位

拥有了配套的机采栽培措施，还要有与之配套的农机设备。机械采收与人工拾棉用工量和费用，一般而言，采摘 453.3 公顷棉花，机械需要 4 人，费用 166.6 万元，人工需要 720 人，费用 476.0 万元，因此，研发适合中国棉花机采设备是当务之急。例如，美国凯斯公司生产的 CPX620 型采棉机工作效率和采净率都比较高。我国应加以借鉴和研发适合中国棉花生长环境和农艺的自主知识产权的采棉机、打模车、运模车以及与棉花管理、化控等配套的无人机等机械设备。因此，国家要加大采棉机及相应配套设备研发力度，增加投入，降低规模化棉花管控和收获成本，发挥棉花产业乘数效应。

二、增强棉花生态农业建设力度

强调棉花生态农业建设，有利于农业生态环境的保护及棉花产业的可持续发展，棉花生态农业建设主要从以下方面着手：

（一）优化植棉品种并执行轮作

一方面选用抗病品种，保持植棉稳定性，避免由于轮作导致的高发病率；另一方面注重轮作的种植模式，例如，棉花与水稻轮作、棉花与玉米轮作、棉花与小麦轮作等，可以有效降低棉花病害的发病率。另外，应合理利用植棉技术，确定最佳轮作间隔时间、规范植棉操作技术。

（二）明确需求，合理施肥

明确棉花在花铃期、盛花期、吐絮期对氮、磷、钾、微量元素等的需求量及需求比例，做到合理施肥，避免由于施肥不当造成的严重后果。

（三）使用标准化的地膜

经济效益使然，棉农大多采用超薄地膜，厚度一般在 0.006 cm 以下，超薄型地膜易破且不容易回收，根据《聚乙烯吹塑农用地面覆盖薄膜》（GB 13735—2017）要求，地膜应采用 0.008 cm 以上厚度，便于回收和重复利用。

（四）加强相关宣传教育

向棉农普及环保知识，明确化肥、连作、地膜等对农业可持续发展的严重影响，强化公众的环境保护意识，以及普及对人居环境和自然环境影响的宣传。

（五）加大政策支持力度

建立废旧农膜回收体系建设，建立农业生产技术服务体系，普及科学种植知识，完善生态补偿体系建设。

三、保持植棉稳定持续化的收益

（一）建立完善的政策支持体系

"棉花作为我国重要的经济作物，其发展状况逐渐得到人们的重视。"[1]根据我国三大棉区具体成本收益状况，因地制宜地制定棉花生产的支持政策，加大对黄河流域棉区和长江流域棉区的生产支持力度；健全目标价格政策补贴制度，开展好棉花质量补贴工作；以市场化为调控原则，增强植棉竞争力，促进棉农增收。强化新疆棉花产业比较优势，注重黄河流域和长江流域的协同发展。

（二）维护棉花市场稳定的运营

棉花价格波动不利于棉花市场的稳定运行，应进一步健全棉花价格预警机制体系，

---

[1] 梁伟. 棉花栽培的创新技术 [J]. 吉林农业, 2015 (17): 100.

消除由于棉花波动对棉农生产效益的影响。首先,应做好棉花市场的检测工作,及时收集和发布棉花市场价格波动异常情况,确保发布信息的精准性和及时性,为棉花生产者提供决策依据;其次,健全棉花价格波动风险基金的运行制度,确保棉花价格稳定。

(三)增强棉花加工企业竞争力

大力发展我国棉花产业,实现棉花产业兴旺的目标是实现棉区乡村振兴的必经之路。

第一,加大对棉花加工企业的支持力度,引导棉花加工企业提升国际竞争力。

第二,引导棉花加工企业对加工设备更新,提升棉制品品质,增强我国棉织品国际竞争力。

第三,培育一批规模大、技术水平过硬的棉花加工企业,使其起到引领、示范作用。

第四,鼓励企业通过兼并、重组的方式进行整合,强化优势企业实力,扩大优势企业生产规模。充分利用产业集群效应,提升我国棉花加工业的整体实力,由棉花加工业大国变为棉花加工业强国。

总而言之,棉花产业作为很多地区的主导产业,引领着区域经济协调发展,具有耦合作用,相辅相成,区域经济向上增长必定带动基础设施、信息技术、创新理念等提档升级,带动乡村居民对生态宜居美好向往。棉花产业的蓬勃发展会带来产业兴旺的外溢效益、发挥产业的乘数效应,带来就业和技术创新等。因而,振兴棉花产业、聚力产业兴旺有利于带动农民增收、打造生态宜居乡村、实现乡村振兴。

(四)制订区域棉花产业发展计划

加大内地棉区棉花品种的开发和推广,协调棉粮矛盾问题,加强棉花灾害监测和防控体系建设;发挥和强调新疆地区棉花产业比较优势,以高产和优质为棉花产业主要发展目标,鼓励棉花现代化种植,注重棉花产业的生态化发展。

四、增加科技投入,完善棉花市场监控体系

鼓励科技工作者加大棉花生产与加工技术的创新力度,把棉花产业纳入国家科学

技术攻关项目，发挥科技要素在棉花产业中的作用。坚持把人才作为高质量发展的起点，打造高素质的产业工人队伍，在推动企业持续健康发展中展现新作为。建立棉花产业链各成员间的信息反馈制度，建立有效的棉花信息发布平台和预警机制，有效地解决产业链各成员之间信息不畅、滞后和不对称等问题。

五、规避经营风险，避免潜在利润价值损失

在下游需求存在不确定因素以及原料端价格上涨挤压利润的预期下，综合深入运用期货、期权等衍生品工具，成为棉花企业下一步发展的关键。准确掌握国际、国内棉花市场走势，通过期货市场的价格发现和套期保值等规避经营风险。同时，也可以利用场外期权等工具占用资金少、易于操作、产品可个性化定制的特点，与上下游具备期现结合能力的棉花贸易商开展含权贸易，把价格风险在贸易合同中予以规避。还可以运用期权工具对棉花库存进行优化管理，实现增加利润的效果。

六、发挥行业协会作用，推动产业转型升级

棉花产业转型升级，需要政府、企业、协会共同发力。行业协会是联系政府、企业以及市场之间的桥梁纽带，要进一步强化功能作用发挥，以行业企业的共同需求为切入点，在行业规则制订、关键技术攻关、标准体系建设、行业规划制订等方面提高服务水平，同时也要加强行业自律，争取行业政策，开展宏观调控，促进抱团发展，助推产业转型升级，扩大国际影响，为棉花行业的跨越发展做出新的更大贡献。

（一）坚持科技创新和品牌建设

棉花企业要加强棉花生产、加工与经营全过程监管，坚持科技创新和品牌建设，提高产品品质和企业的经济效益。

第一，加大棉花品种改良的科研投入，提高原棉品质，助力产业提效增值。

第二，对标国际先进企业，实现国产棉花加工装备从机械化向自动化、智能化的华丽转身，突破棉花加工高成本、低效率的瓶颈，实现棉花加工转型升级。

第三,树立品牌意识,致力于品牌建设,确保企业可持续发展。

(二)构建产供销利益共享机制

我国棉花产业产能过剩的问题非常突出。目前国内拥有"400型"棉花加工厂的企业就有1 600多家,这些棉花加工流通企业主要分布在新疆、山东、河北、湖北等产棉区,其中新疆共有899家400型棉花加工企业。棉花加工企业的加工能力一般在80 001～10 000吨/年。据此分析,新疆400型棉花加工企业年加工能力可以达到700万吨以上,全国范围内的棉花加工企业的年加工能力更是超过1 200万吨。我国棉花生产着力提高单产、提升品质、增加效益。未来中国棉花产量预计有600万吨,棉花产量与加工能力严重失衡。

集团化生产、规模化发展将成为棉花加工与经营企业生存和发展的必由之路。棉花加工企业的原材料来自棉花产业链的上游,从棉农手里收购,掌控一定的棉花资源是企业的生命之源,将业务延伸到仓储物流、纺织加工、外贸进出口等环节,实施产业的集群化整合,降低企业经营性支出,是稳定客户,让企业做大做强的重要举措。

劳动力成本的提高以及棉花原材料价格的居高不下,正在迫使棉花产业升级。应加快产业结构调整,整合资源,重组棉花加工企业,实现集团化、规模化发展;降低生产成本,推动棉花产业链发展;增强经济增长内生动力,紧紧围绕供给要求,努力提高产品质量,让企业真正成为国际市场的有力竞争者。

第三节 我国矿产资源产业发展的影响及对策

专门、系统地研究经济全球化对我国矿产资源产业发展的影响及建议的文献并不多。经济全球化已经改变了我国矿产资源发展环境,由此建议我国矿产资源配置转为国家统一管理体系的模式;经济全球化使全球性资源竞争日趋激烈,本节指出了我国矿产资源开发利用中的具体问题,并提出相应的政策建议;我国"引进来"与"走出去"战略所取得的实际效益与战略目标还有较大距离,由此提出了全球范围内优化配置矿产资源、改善矿业投资环境等建议。

一、经济全球化对我国矿产资源产业发展的主要影响

基于经济全球化的以上特征,结合我国矿产资源产业发展现状,经济全球化对我国矿产资源产业发展带来的影响如下:

(一)矿业由不可持续向可持续战略转变

环境是战略设计及调整的重要因素。当今经济全球化浪潮改变了我国矿产资源产业的发展环境,进而引起我国矿产资源产业战略规划的调整。可持续发展已成为世界经济发展的主流。经济全球化引致的矿产资源配置全球化强化了我国矿产资源可持续发展意识。我国虽然自然资源丰富,但人均资源占有量并不足,在以往不可持续传统模式下,矿产资源过度开发,技术落后,矿产资源综合利用率十分低下,环境破坏十分严重。

通过融入全球资源市场,一方面,别国矿产资源可持续发展思想及做法增强我国矿业企业走可持续发展的意识、紧迫感和决心;另一方面,提高了我国矿产资源可持续发展能力,通过国际贸易,尤其国际合作、交流,我国从中吸收他国先进的矿产资源管理理念、管理经验和开发利用技术,使主要矿产资源的开发利用水平和效率明显提高,矿产资源可持续发展能力有了一定程度的提高。走可持续发展之路成为我国矿业发展战略的必然选择。

(二)面临行业竞争压力和生态环境挑战

随着资源全球化不断推进,我国矿产资源发展将面临更大的竞争压力和生态环境挑战。

1. 行业竞争压力

一方面,伴随经济全球化推进及矿产资源本身在世界范围分布的不均衡性,全球矿产品贸易大幅增加,矿业资本在全球范围内频繁流动,跨国矿业企业纷纷到海外勘

探开发矿产资源，甚至一些国家如美国、日本、德国、澳大利亚、加拿大等实施全球资源战略，扩大对全球资源的控制，扩大了全球资源市场的竞争范围和加剧了竞争；另一方面，发达国家和跨国公司为加强实力，广泛实施兼并、联合、重组，通过跨境并购，资源企业规模进一步扩大，对资源的垄断不断拓宽和加深，形成了国内乃至拉美地区的矿产行业垄断，在增强公司整体竞争力同时，实现着跨国矿业公司在矿业经济全球化中的驱动作用。

另外，全球贸易体制多元化使全球矿业竞争更趋复杂和激烈，贸易体制多元化包括谈判议题、区域合作方式及协定方式等多元化，其中，谈判议题由重点关注传统货物和服务贸易等，多边规则范围内的贸易自由化转向，例如，气候、资源、环境与贸易、全球经济信息化与贸易等充满挑战性的新议题；区域贸易合作方式上，趋向多样化，不同方式的规则标准和路径选择存在差异，世界主要经济体偏好自由贸易区方式，并纷纷加快谈判步伐，如美国启动"跨大西洋贸易和投资伙伴关系"（TTIP）谈判，东南亚国家联盟、中国、日本、韩国、澳大利亚、新西兰、印度启动目前亚洲地区规模最大的自由贸易协定谈判——"区域全面经济伙伴关系协定"（RCEP）谈判。

至于全球贸易协定方式，各国极力通过多种方式推动自由贸易协定、投资自由化和服务贸易开放等国际规则的重构。由此可见，国际贸易体制多元化使矿产资源国际市场更趋复杂、竞争方式更趋多元，加剧了矿产资源国际市场竞争强度。面对加剧了的竞争，我国矿产资源产业发展现状却如前文所提到的矿产资源过度开发、矿产资源综合利用率低、环境破坏严重、资源流失和浪费严重。在以上国际矿业竞争加剧和我国矿产资源产业发展的现实背景下，我国矿产资源产业发展将面临更大的竞争压力。

2. 生态环境挑战

矿产资源开发利用在逐渐耗竭不可再生的矿产资源同时，对环境带来了相应的压力。在当今全球呼唤绿色，强调环境保护的情况下，世界各国对矿产资源开发利用过程中的环保越来越重视，纷纷采取相关措施。在我国，基于《矿产资源法》和《环境保护法》，制定了与（矿山）生态环境保护与恢复治理相关的主要政策，但因法律监管体系尚不完善和执行乏力，导致我国矿产资源开发利用难以实现资源、经济、社会、环境的有机统一，尤其作为我国重要生态安全屏障的西部，其生态环境成为其矿产资源进一步开发的桎梏。

随着经济全球化进展，我国与别国矿产资源交流与合作进一步推进，在"走出去"过程中，我国矿产资源企业受到被进入国矿产资源开发与生态环境保护的一系列相关法律、法规的规范与约束，对我国矿产资源企业是一项不轻的生态环境考验；同时，在"请进来"过程中，国外矿业投资在增加我国矿产资源开发利用资本的同时，也由此带来相应的生态环境问题，使我国矿产资源产业发展遭受更大的生态环境挑战。

二、经济全球化下我国矿产资源产业发展的主要对策

基于上述经济全球化对我国矿产资源产业发展影响的分析，我国矿产资源产业发展的对策主要包括以下方面。

（一）充分利用国外市场，确保重要矿产资源供应安全

2015—2030年，我国石油、精炼铜、稀土氧化物均存在产量、消费量缺口，并呈扩大趋势。我国是这些重要矿种的主要消费国，其缺口不仅影响我国经济、社会发展，而且还影响全球环境下我国的国际地位，因而，应充分利用经济全球化能提高我国矿产资源安全程度的积极影响，以更加开放的姿态，借鉴已积累的境外矿业投资经验，充分用好全球矿产资源市场，弥补我国重要矿产资源缺口。

另外，不同矿产资源因禀赋和需求不同，因而保障措施也不同，对于石油、天然气、煤炭、铁、铜、钾盐、稀土七种重要矿产资源而言，需要从可用性、可获性、可持续性、技术发展四个方面设计安全保障措施。同时，要利用政治军事力量，参与重要矿产资源国际定价；要开展关键技术攻关，提高矿产资源勘查、开发及资源再利用水平；强化行业协会职能，规范和协调企业竞争行为；强化矿企竞争能力，稳健实施走出去战略；政府逐步制订中长期开采规划，并赋予严格的监管机制，保障规划有效实施，充分回收资源以缓解资源压力和环境压力。

（二）提高我国矿产资源生态环境保护意识和相关能力

经济全球化对矿产资源开发中的生态环境保护提出更高的要求与条件约束，而我国矿产资源开发仍然粗放，综合开发利用率低，因而我国矿产资源产业发展面临更大的生态环境挑战。但是，全球化在为我国矿产资源开发带来充足的资本同时，也带来了系统性的规范管理、先进技术和可借鉴的先进经验。这不仅增强了我国矿产资源开发全程中的生态环保意识，也在完善相应法规方面得到了很好的借鉴。另外，"走出去""请进来"过程中伴随的技术合作和交流，可以提高我国矿产资源开发利用技术水平，提高矿产资源利用率，减少环境污染，促进矿产资源开发利用与生态环境协调发展。再者，基于政府倡导、企业能动、人才培养、国际合作的良性循环，应建立符合我国矿产资源开发利用的新机制，充分发挥矿业企业在矿业国际合作中的能动性，切实提高矿产资源开发利用中的生态环保能力。

（三）加强矿产资源市场研究并积极防范国际投资风险

面对经济全球化环境下矿产资源投资风险加大的不利影响，我国矿业企业应加强矿产资源市场研究，积极防范政治政策、地质技术、投资环境、市场、财务和文化等风险。

第一，市场风险方面，应警惕矿石价格的波动和通货膨胀造成的风险；文化风险方面，应注意民族种族差异造成的风险；财务风险方面，应防范利率和汇率变动引发的风险；政治政策和投资环境风险两方面，则应留意东道国的政治稳定性和劳动力供应及工资等引发的风险。

第二，评价风险时，应不断收集和补充我国矿产品国际投资项目相关的信息和资讯，保持信息的实时性和动态性，以准确、动态地评价与监控我国矿产品国际投资风险。

第三，投资区位选择上，以资源获得性为导向，以技术获取性为目标，首选具区位优势的国家；甄选投资良好与合格的国家，实行多元化的区位选择，以掌握更多矿产品资源。

第四，充分发挥矿产品勘探风险基金的作用，使更多的企业参与到海外资源的投资与勘探开发中去。

第五，我国矿业企业还应充分考虑自身现状、需求和投资难度，多元化设计并比较投资方案，审慎选择最适合自己的投资方式。

（四）开拓矿产品国际进口市场，优化进口源地的结构

首先，应从具有价格弹性优势的国家进口矿产资源，以降低进口费用和应对价格攀升的风险；其次，不断开拓海外矿产品进口市场，提高进口来源地多元化程度，逐步优化进口源地结构；最后，拓展矿产品获得渠道与方式，分散矿产品进口风险，加强与合作伙伴的贸易关系，进一步挖掘矿产品贸易潜力。

矿产资源行业发展受多因素的综合影响，在充分考虑经济全球化特征对我国矿产资源行业发展的影响，确保矿产资源供应安全，实现矿业信息全球化共享，科学评价并积极防范国际投资风险，及优化矿产品进口源地结构减少贸易风险等对策实施过程中，还很有必要紧密结合我国的国家战略及有关部门提出的大地质观、大资源观和大生态观等，研究国家战略对矿产资源行业发展的影响与要求，使我国矿产资源产业发展战略及对策设计更加务实。

第四节 我国集成电路产业安全与可持续发展

集成电路产业已成为数字经济全球化背景下国际政治经济竞争的焦点，世界各国集成电路产业均是以加大"自主可控"为发展战略目标。探讨数字经济全球化下我国集成电路产业如何安全与可持续发展，对我国统筹发展与安全、实现经济高质量发展具有重要意义。

一、全球集成电路产业特征和安全风险

历史上集成电路产业已经历了三次产业中心转移，价值链低附加值环节率先迁

移是该产业转移的逻辑。随着技术迅速提升,资本开支快速增加,以制造为代表的集成电路产业迁移路径由美国至日本,再到韩国、中国台湾地区,最后到中国大陆,商业模式由垂直整合到集成器件制造(IDM)模式再到垂直分工,产业结构越来越细化。从价值链视角来看,设计、制造、封装测试等领域分别是集成电路全球价值链中高、中、低位的价值环节,产业中心每一次转移,均是价值链低增加值的环节率先转移。产业的三次转移形成了如今全球集成电路产业特征,同时也产生了产业链的安全风险。

(一)分工明确和高度专业化结构特征

集成电路产业具有全球分工明确和高度专业化结构特征。从全球分工来看,集成电路产业链可细分为中游核心产业、上游支撑产业和下游需求产业。其中,中游核心产业链包括芯片设计、晶圆制造、封装、测试四大环节。核心产业链中的芯片设计是知识密集型行业,需要经验丰富的尖端人才,处于价值链高端;晶圆制造是资本加技术密集型行业,通常投资规模巨大,进入门槛很高,处于价值链中端;传统的封装及测试环节是劳动密集型行业,通常更突出行业规模优势的特点,处于价值链低端,而近年来先进封装技术突飞猛进,可进一步提高集成电路的集成度并且降低制造的成本,未来或成为撬动集成电路产业突破摩尔定律极限并继续向前发展的重要杠杆。

上游支撑产业链有软件、材料和设备,其中软件包括用于电路设计的集成电路电子自动设计软件(EDA),通常简称为"EDA 软件";材料包括硅片、光刻胶等;设备包括光刻机、封装设备、检测设备等。下游需求产业链为集成电路的终端应用,包括手机、电脑、通信基站、汽车、传感器等。从专业化看,全球不同区域根据各自比较优势在产业链中发挥不同的作用,对于技术的深厚积累和庞大的市场规模优势,形成了高度专业化的全球集成电路产业链。美国在技术密集的领域遥遥领先,这得益于全球化,即来自全球客户的收入支持了其高研发和高利润的正向循环。日本、韩国和中国台湾地区等东亚国家和地区在集成电路制造方面处于前沿,这需要政府激励措施所支持的大规模资本支出,以及强大的基础设施和熟练的劳动力。中国在封装和测试领域处于领先地位，封装领域的技术和资本密集度相对较低，但是中国正力争在整个产业链扩张。

因此，集成电路产业技术、资金和人才密集的特点决定了其发展必须遵循市场规律且须依靠全球高度专业化分工合作。但是，高度专业化的集成电路产业分工又造成大型企业寡头垄断格局，并使其在某个特定环节拥有垄断性技术，进而对影响产业链安全的关键环节形成强有力的话语权。

（二）地理空间上呈现产业集聚的现象

集成电路产业在地理空间上呈现产业集聚的现象。虽然集成电路产业的高度分工和专业化使得其全球价值链的各个价值环节在全球空间上呈现离散分布格局，但是这些价值环节又具有高度地理集聚特征，因此产业地理分布特征为"整体离散，区域集聚"。在新经济地理学中，产业集聚是指在某个特定产业领域或产业链条上的相关企业、资本、人才、科技等各种资源，在地理上逐渐集中而形成产业集群的现象。目前，全球大约75%的集成电路制造业都聚集在中国、日本、韩国等东亚国家和地区，而世界上最先进的10纳米以下集成电路制造产能都集中在韩国和中国台湾地区，占比分别为8%和92%。

虽然产业聚集效应从整体上促进集成电路产业发展，但是过高的地理集中度极大可能引发全球集成电路产业安全风险。一方面，由于过高的地理集中度，可能因某些区域疫情、自然灾害等情况导致全球大规模的供应中断。例如，2020年上半年，新冠肺炎疫情全球蔓延，工厂停工停产对全球集成电路产业供给侧造成重大冲击，产业链出现断链的安全风险。另一方面，地缘政治紧张可能导致出口控制，限制某些国家使用关键技术和产品，从而损害全球供应商或客户的准入，甚至影响某些国家的安全与发展。

（三）"三高一强"特征使准入门槛极高

集成电路产业具有"三高一强"的特点。集成电路产业是科技创新的支柱产业，注重技术研发，因技术更新周期短，所以需要不断投入大量研发资金，具有高投入、高技术、高利润、强垄断的特点。目前，世界领先的集成电路企业通常以数额庞大的研发投入取得技术优势，再依靠全球化市场垄断获得高额利润，反哺研发投入。然后，通过专利保护、技术保护等手段持续加高技术和资本壁垒，维持自身强垄断地位。集成电路产业"三高一强"的特点制造了极高的市场准入门槛，规模小的企业难以进入或竞争，只有规模大的企业才能实现巨大投入，以满足下游庞大市场对技术更新的需求。无论从技术还是资本的角度来看，集成电路产业的后发者实现后发优势均难度较大，产业发展不平衡将加剧。

另外，寡头企业的技术锁定和垄断使得集成电路产业的短期调整弹性严重降低。其中，关于集成电路产业的设备及材料的技术锁定和垄断尤为突出。通常情况下，制造环节的工艺需要依赖设备，而设备在制造工厂需要经过 1～2 年的验证期。技术锁定使得产业链下游厂商调整应对安全冲击的弹性大幅降低，而集中垄断的格局使得寻找替代方案的难度加大，还须耗费大量时间进行匹配和验证工作。

二、我国集成电路产业安全可持续发展策略

在数字经济全球化发展的大潮下，为在新一轮科技革命中取得竞争优势，必须统筹考虑全球集成电路产业安全风险和我国自身存在的不足，以应对威胁产业链安全的极端情形。我国集成电路产业安全可持续发展策略的具体内容如下：

第一，引进高端人才是集成电路产业安全可持续发展的重中之重。数字经济是一个高度知识密集的经济形态，集成电路产业是典型的人才密集型产业。人才是集成电路企业的生存和发展根基，市场竞争的核心是人才竞争，而高端人才是企业做大做强的核心。首先，凝聚世界级人才，吸引海外人才回国创业，招募具备国际视野和全局性眼光的行业领军人才；其次，建立人才培养的长效机制，以与国际相匹配的高薪留住人才，并对在基础研究领域探索创新的科研人员提供长期资金支持，保障其薪资待遇和研究经费，不以短期回报为目标；最后，大力支持我国新设立的集成电路科学与工程一级学科建设，提高我国高校和科研院所集成电路专业人才的培养数量。

第二，发挥新型举国体制①优势，突破基础科学研究瓶颈。美欧、日韩等国家地区在发展集成电路产业上均实施了国家级产业规划和政策。核心技术攻关需要国家扶持。集成电路产业涉及安全的关键节点均在需要长期技术积累的领域，可通过"市场换技术"或者跟随战略不断学习以实现突破。我国应充分发挥举国体制，制订集成电路产业中长期发展规划，建设一批集成电路科技创新中心，聚焦基础领域产生障碍的环节予以重点攻破。与此同时，地方政府应分析产业特征、尊重产业规律，避免盲目投资和低水平重复建设。

第三，尊重全球集成电路产业发展规律和产业特征，积极维护产业全球化发展。集成电路产业具有全球分工明确和高度专业化的产业特征，没有哪个国家能单独实现完全的国产化，即使强如美国也只参与了产业的小部分环节。中国、美国、欧洲、日本、韩国等国家和地区各自占据了产业链不可或缺的部分。未来我国集成电路产业实现供应链安全可控，可在部分关键领域实现去美国化，通过深化第三方市场合作，加大与欧洲、日本的设备和材料企业，以及与韩国、中国台湾地区的制造企业之间的合作力度。此外，中国应充分释放国内大循环的巨大需求，吸引全世界资源要素，形成友好共存的格局。

第四，在集成电路制造业的成熟工艺率先实现全链路国产替代。由于集成电路产业地理集中度高，供给侧问题预计将是未来全球产业发展的中长期困扰。制造业可从广义上分为先进工艺和成熟工艺。集成电路先进工艺的产品通常用于5G手机、高级计算、人工智能等高端领域，而成熟工艺的产品应用范围更广，包括数字基础设施、通信基站、物联网、电动汽车、轨道交通、光伏、家电、LED、LCD面板等诸多领域。目前，全球供给侧的难题是集成电路成熟工艺产品。集成电路制造企业并不是最底层、最核心的技术生产者，而是设备、材料、制造工艺的集成商。设备才是制造的起点，若没有设备的生产能力，设计和制造也就无从谈起。目前，我国已拥有制造业成熟工艺技术，主要矛盾转化为缺少国产设备和材料。因此，当务之急是在由美系厂商把控的成熟工艺相关材料、设备、EDA软件等领域做好全链路的国产替代。

---

① 举国体制就是指以国家利益为最高目标，动员和调配全国有关的力量，包括精神意志和物质资源，攻克某一项世界尖端领域或国家级特别重大项目的工作体系和运行机制。

参考文献

[1] 陈伟光，钟列炀.全球数字经济治理：要素构成、机制分析与难点突破［J］.国际经济评论，2022（2）：60-87+6.

[2] 陈晓东，刘洋，周柯.数字经济提升我国产业链韧性的路径研究［J］.经济体制改革，2022（1）：95.

[3] 邓泽林.低碳经济的本体论反思［J］.江汉论坛，2014（2）：91-94.

[4] 丁生喜.区域经济学通论［M］.北京：中国经济出版社，2018.

[5] 冯俊宗，何光层，代航，等."双碳"目标下基于合作博弈的"源–荷"低碳经济调度［J］.电测与仪表，2022，59（4）：120-127.

[6] 冯兴国.经济全球化对中国区域经济发展的影响探析［J］.全国流通经济，2020（8）：101.

[7] 高波.全球化转型发展与中国角色［J］.浙江工商大学学报，2022（2）：86.

[8] 高京平，孙丽娜.数字经济发展促进我国产业结构升级的机理与路径［J］.企业经济，2022，41（2）：17.

[9] 谷磊.区域经济产业转型升级的创新路径研究［J］.商场现代化，2022（12）：121.

[10] 韩杰.经济全球化与区域经济一体化的关系［J］.现代营销（下旬刊），2020（6）：11.

[11] 胡颖，李倩男.数字经济对低碳经济发展的驱动效应研究［J］.对外经贸实务，2022（6）：15-20.

[12] 贾林娟，刘辉.全球低碳经济发展与中国的路径选择［M］.合肥：合肥工业大

学出版社，2021.

[13] 李克国.低碳经济概论[M].北京：中国环境科学出版社，2011.

[14] 李林汉，田卫民.数字金融发展，产业结构转型与地区经济增长——基于空间杜宾模型的实证分析[J].金融理论与实践，2021（2）：92.

[15] 李鹏鹏.产业链视角下我国循环经济的发展研究[D].武汉：华中师范大学，2013.

[16] 梁伟.棉花栽培的创新技术[J].吉林农业，2015（17）：100.

[17] 凌红蕾.我国经济结构优化与经济全球化关系探讨[J].商业时代，2013（16）：53-54.

[18] 刘萍，胡麦秀.北极航道开通对我国能源供求形势的影响[J].海洋开发与管理，2016，33（8）：80.

[19] 刘萍，胡麦秀.北极航道开通对我国能源海上运输的影响[J].海洋经济，2016，6（1）：22.

[20] 刘琼芳，刘超.科技创新和产业结构对区域经济的动态影响研究——基于GVAR模型的实证研究[J].时代金融，2021（13）：33.

[21] 马歆，郭福利.循环经济理论与实践[M].北京：中国经济出版社，2018.

[22] 买买提·莫明，艾先涛，艾海提·阿木提，等.对我国棉花主要产区产业兴旺的思考[J].棉花科学，2022，44（3）：3.

[23] 莫神星.论低碳经济与低碳能源发展[J].社会科学，2012（9）：41-49.

[24] 宋爽.数字经济概论[M].天津：天津大学出版社，2021.

[25] 王丹，李振福，张燕.北极航道开通对我国航运业发展的影响[J].中国航海，2014，37（1）：141.

[26] 王丽霞.全球化背景下中国循环经济的战略选择[J].当代经济研究，2006（2）：37.

[27] 王龙兴.2018年我国集成电路产业发展的展望[J].集成电路应用，2018，35（2）：6.

［28］尉巍.经济全球化下中国区域经济可持续发展路径探析［J］.全国流通经济，2018，（35）：60.

［29］文龙光，易伟义.低碳产业链与我国低碳经济推进路径研究［J］.科技进步与对策，2011，28（14）：70.

［30］吴依泽.经济全球化给中国带来的机遇和挑战［J］.中国民商，2018（11）：16.

［31］徐秀军，林凯文.数字时代全球经济治理变革与中国策略［J］.国际问题研究，2022（2）：85-101+156.

［32］杨显滨.北极航道航行自由争端及我国的应对策略［J］.政法论丛，2019（6）：88.

［33］张辉，张明哲.数字经济全球化下我国集成电路产业安全与可持续发展［J］.人民论坛·学术前沿，2022（6）：97.

［34］张晓，赵庆爱.对我国商船首航北极东北航道的回顾与展望［J］.中国航海，2015，38（1）：102.

［35］赵海凤，闫昱霖，张大红.低碳经济计量模式［J］.生态学报，2015，35（4）：1249-1257.